ESSAI

SUR L'INSTRUCTION

DES

AVEUGLES.

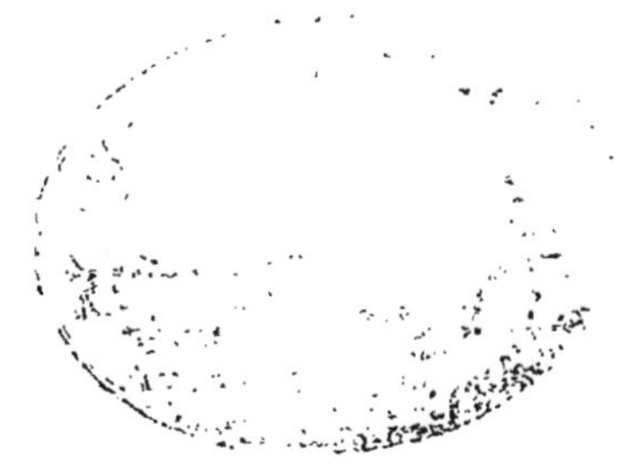

CET OUVRAGE SE TROUVE

A PARIS,

Chez CHANSON, imprimeur-lib., rue des Grands-Augustins, n. 10;
Delaunay, Dentu, Pélicier, Favre, Lelong, Hubert, Ladvocat, libraires au Palais-Royal;
Mongie aîné, libraire, boulevart Poissonnière, n. 18;

IL SE VEND AUSSI A

Aix-la-Chapelle, La Ruelle fils.
Angers, Fourrier-Mame.
Anvers, Aucelle.
Arras, Topino.
Auxerre, François-Fournier.
Avignon, Laty.
Amiens, Allo.
Amsterdam, De la Chaux.
Besançon, Deis.
Bordeaux, Baume. — Melon.
Brest, Lefournier.
Bruges, Bogaert-Dumortiers.
Bruxelles, Lecharlier. — Bertaud.
Breslau, Th. Korn.
Caen, Le Baron, f[e] Blin.
Cambrai, Giard.
Châlons-sur-Saône, Desjussieux.
Châlons-sur-Marne, Briquet.
Clermond-Ferrand, Landriot.
Colmar, Pannetier.
Dijon, Coquet.
Douay, Villette.
Gand, Dujardin.
Genève, J.-J. Paschoud.
Grenoble, Durand. — Falcon.
Londres, Treuttel et Würtz — Bossange et Masson. — Dulau.
Le Mans, Toutain.
Liége, Desoer. — Collardin.
Limoges, Barjeas.
Lausanne, Ficher.
Lyon, Cabin. — Favrio. — Targes. — Bohaire.
Laval, Grandpré.
Mâcon, Grosset.
Marseille, Masvert, Camoins.
Metz, Devilly.
Montpellier, Gabon. — Sévalle. — Delmas.
Manheim, Fontaine.
Mons, Leroux.
Nantes, Sicard. — Forêts.
Nancy, Vincenot.
Nîmes, Melquion.
Perpignan, Alzine.
Rouen, Frère. — Dumaine-Vallée.
Rennes, Duchenne. — Dekerpen.
Reims, Ledoyen. — Lebatard.
Strasbourg, Treuttel et Würtz. — Fevrier. — Levrault.
Tours, Legier-Homo. - Letourney.
Troyes, Sainton.
Turin, Pic. — Bocca.
Toulouse, Senac.
Versailles, Angé.
Verdun, Benit.

FRONTISPICE
SAUNDERSON
Filii vestri autem beati
Oculi quia nunc vident.
Dubois, sc. et St.

ESSAI

SUR L'INSTRUCTION

DES

AVEUGLES,

OU

EXPOSÉ ANALYTIQUE

DES PROCÉDÉS EMPLOYÉS POUR LES INSTRUIRE;

PAR LE DOCTEUR GUILLIÉ,

Directeur-Général et Médecin en chef de l'INSTITUTION ROYALE DES JEUNES AVEUGLÉS DE PARIS, Chevalier de la Légion-d'Honneur, Docteur en Médecine de la Faculté de Paris, Membre de la Société Royale Académique des Sciences de la même ville; des Académies des Sciences, Belles-Lettres et Arts de Cambrai, Châlons, Caen, Dijon; de la Société de Médecine pratique de Paris; des Sociétés Médicale d'Émulation et de Médecine de Bordeaux, Marseille, Avignon, Évreux, Clermont-Ferrand, etc.

Μέγα βιβλίον μέγα εἶναι κακόν. CALLIMAQUE.

SECONDE ÉDITION.

A PARIS,

IMPRIMÉ PAR LES AVEUGLES,

ET SE VEND A LEUR BÉNÉFICE, A L'INSTITUTION,

Rue Saint-Victor, n° 68.

1819.

AU ROI.

SIRE,

C'est au milieu des infortunés que vous consolez ; c'est dans un asyle qu'ils doivent à votre bienveillante sollicitude, que j'ai composé cet écrit, dont j'offre aujourd'hui l'hommage à Votre Majesté. Je n'ai été distrait que par les concerts d'actions de grâce qui retentissent, de toutes parts, dans cette enceinte, et les vœux qu'on y forme pour votre auguste personne.

Ah! SIRE, *quel serait le bonheur des Aveugles si, le ciel ouvrant un instant leurs paupières, ils pouvaient contempler les traits de leur bienfaiteur ! Leurs yeux pourraient se refermer pour jamais ; leurs cœurs en conserveraient l'image.*

Quel que soit le sort de ce faible ouvrage, je le livre, avec moins de crainte, aux hasards des jugemens humains, puisque Votre Majesté a daigné permettre qu'il parût sous ses auspices. Il aura servi à acquitter mon cœur par le témoignage public de mon admiration pour une vie dont toutes les actions sont autant de prodiges de justice et de bonté.

Je suis, avec le plus profond respect,

SIRE,

De Votre Majesté,

Le très-soumis
et très-fidèle Sujet,

GUILLIÉ.

PRÉFACE

DE LA PREMIÈRE ÉDITION.

Je satisfais aujourd'hui l'impatience du Public, en faisant paraître cet *Essai sur l'Instruction des Aveugles*, depuis long-temps attendu. Heureux si les témoignages de bienveillance que l'on donne, chaque jour, à ces infortunés, mes enfans adoptifs, se répandent sur l'ouvrage de leur maître, et le font accueillir favorablement ! Mais je ne me suis point dissimulé, en le composant, les difficultés que j'avais à surmonter ; car il n'existe aucun Traité *ex professo*, et il n'a rien été écrit, jusqu'à ce jour, sur cette matière, si l'on en excepte une Notice très-abrégée que publia, il y a trente ans, le fondateur de l'institution, au moment où elle venait de naître, et avant que le temps et l'expérience eussent permis de se livrer à l'observation.

Il a fallu, ponr la partie historique, faire des recherches assez longues, et concilier souvent des opinions bien divergentes sur l'état moral des aveugles, et les moyens propres à les instruire.

Fidèle à l'épigraphe que j'ai choisie, j'ai élagué tout ce qui m'a paru ou inutile ou superflu, et je me suis borné à dire ce que j'ai cru indispensable pour faire connaître l'établissement que j'ai l'honneur de diriger. J'aurai atteint mon but, si je suis parvenu à donner la véritable idée qu'on doit avoir des aveugles et des procédés employés pour les instruire.

AVERTISSEMENT

SUR CETTE SECONDE ÉDITION.

L'ACCUEIL flatteur que le public a bien voulu faire à la première édition de cet Ouvrage, publié il y a deux ans, et qui a été rapidement épuisée, m'a déterminé à le réimprimer. Je profiterai de cette circonstance pour faire disparaître quelques légères fautes typographiques et augmenter de faits historiques nouveaux la biographie des aveugles célèbres dans les sciences et dans les arts. Enfin, je mettrai à profit les avis qui m'ont été donnés pour faire quelques changemens aux cinq premiers chapitres. Puissent les soins que je donnerai à ce travail le rendre plus utile aux aveugles et plus agréable à ceux qui s'intéressent à eux !

INTRODUCTION.

Comme nous ne nous servons habituellement que du moyen rapide, mais peu fidèle, de la vue, pour discerner les objets qui nous entourent, on croit que les aveugles ne doivent rien connaître de ce qui existe, et qu'ils ne peuvent jamais s'éloigner du cercle étroit qui les environne : on les regarde comme des êtres dégradés, condamnés à végéter sur la terre ; on croit avoir assez fait pour eux, lorsqu'on a confié à leur mémoire le nom et la forme des objets usuels : on ne se pénètre pas assez de cette vérité, que l'aveugle qui n'est pas instruit est, toute sa vie, comme l'enfant qui vient de naître, qui ne peut, par lui-même, pourvoir à ses besoins : il mourrait si on ne prenait soin de lui.

L'éducation des clair-voyans commence, pour ainsi dire, avec leur naissance ; tout contribue à leur dévlopement : ils imitent avec facilité les jeux des compagnons de leur enfance, dont ils répètent jusqu'aux moindres mouvemens ; ils lisent dans la physionomie de leur nourrice, et les regards d'une mère sont, pour eux, la meilleure leçon. Tout cela est perdu pour l'aveugle, enseveli pour jamais dans les ténèbres. Il est obligé de tout créer, puisqu'il n'a rien vu : l'acte le plus simple, en apparence, pour les autres enfans, devient pour lui une chose nouvelle. Voilà ce qni donne naissance, sans doute, à cette attitude silencieuse et timide des aveugles pendant les premières années de leur vie, et à cette habitude de concentration, qui ne les abandonne jamais.

Puisqu'il est bien reconnu qu'ils sont privés de la faculté d'apprendre, par l'imitation, dans leur enfance, on devra s'attacher à obtenir le même résultat, par méthode ; et tout ce que l'on fera dans la suite n'aura d'autre but que de rétablir l'équilibre pour les mettre de niveau avec les autres hommes.

Ce serait donc une grande erreur de confondre les aveugles avec les enfans ordinaires, et de penser qu'on peut les instruire de la même manière. L'instituteur ne réussira jamais, s'il n'est bien persuadé que l'aveugle sent les choses tout autrement que nous ; qu'il n'attache pas aux mots les mêmes idées ; s'il ne devient enfin l'élève de son disciple, et s'il n'étudie avec lui. Toujours obligé d'examiner ce qu'on lui présente ou ce qu'on lui dit, l'aveugle contraete, de bonne heure, et presqu'*instinctivement*, une grande habitude de l'analyse : aussi faut-il s'attendre de sa part aux questions les plus neuves, les plus extraordinaires, et quelque fois aussi les plus embarrassantes. Le monde moral n'existe pas pour cet enfant de la nature ; la plupart de nos idées sont pour lui sans réalité : il agit comme s'il était seul ; il rapporte tout à lui. C'est de ce déplorable état qu'il faut tâcher de le retirer, en lui apprenant qu'il y a des rapports et des liens de communication entre lui et les autres hommes.

Mais cette instruction des aveugles doit se faire par des progrès bien insensibles ; il ne faut pas trop se hâter de cueillir des fruits : on ne saurait la commencer d'assez bonne heure ; car les premières impressions qu'ils reçoivent ne s'effacent jamais, et il est très-intéressant que ces impressions soient conformes à l'élan qu'on veut leur donner.

Il est évident que la parole ne peut imiter la forme des objets, et qu'il n'y a rien de commun entre le son et les couleurs : le toucher seul, convenablement exercé, est partout entendu sans convention et sans commentaire ; c'est la langue naturelle des aveugles ; c'est leur instrument de confiance ; le toucher est leur sens par excellence, leur sens pour ainsi dire universel. C'était donc ce sens qu'il fallait choisir pour être l'intermédiaire entre l'homme qui n'en a que quatre et l'homme qui les a tous : aussi est-ce sur ce principe qu'est fondée toute la théorie de leur instruction.

Les aveugles, ainsi instruits, ne seront plus une calamité pour leur famille ; cette barrière qu'on avait crue insurmontable entre l'homme qui voit et l'homme qui ne voit pas, n'existera plus, si l'on met en pratique les procédés heureux imaginés pour les instruire. Rendus à la société et à eux-mêmes, ils béniront un jour la mémoire de ceux qui élevèrent ce monument de bienfaisance.

On ne peut pas dire que ceux qui ont formé un système d'enseignement pour les aveugles, n'aient eu ni guides ni modèles; ils eurent, au contraire, le très-grand avantage de marcher sur les traces de ceux qui les avaient précédemment instruits : ils purent mettre à profit les erreurs de leurs devanciers. Les essais infructueux qu'avaient déjà faits beaucoup de personnes, toutes animées d'un même esprit de charité, indiquaient assez ce qui restait à faire; mais il fallait tout le zèle et tout le dévouement d'un homme ardent et passionné, pour entreprendre de réunir ces élémens épars et les coordonner, afin d'en faire un tout, en y ajoutant les résultats nouveaux de sa propre expérience.

Cet homme qui se dévoua à cette œuvre, et qui créa la première école qui ait existé en Europe pour l'instruction des aveugles, fut M. Valentin Haüy. On verra, je pense, avec plaisir, par quel hasard il conçut l'idée de son plan d'instruction.

J'ajouterai au récit qu'il en fait lui-même l'historique de l'établissement depuis sa fondation jusqu'à ce jour, et les améliorations considérables qui ont été faites successivement.

« Une nouveauté d'un genre singulier, dit » M. Haüy (1), attirait, il y a plusieurs an- » nées, un concours de monde à l'entrée » d'un de ces lieux de rafraîchissemens pla- » cés dans les promenades publiques où » d'honnêtes citoyens vont se délasser, un » instant, vers la chute du jour.

» Huit à dix pauvres aveugles, des lu- » nettes sur le nez, placés le long d'un pu- » pitre qui portait de la musique, y exécu- » taient une symphonie discordante, qui

(1) *Précis historique*, p. 119.

» semblait exciter la joie des assistans.
» Un sentiment tout différent s'empara de
» notre âme, et nous conçûmes, dès l'ins-
» tant, la possibilité de réaliser, à l'avan-
» tage de ces infortunés, des moyens dont
» ils n'avaient qu'une jouissance apparente
» et ridicule. L'aveugle, nous dîmes-nous
» à nous-mêmes, ne connait-il pas les
» objets à la diversité de leur forme?
» Se méprend-il à la valeur d'une pièce
» de monnaie? Pourquoi ne distinguerait-
» il pas un *ut* d'un *sol*, un *a* d'une *f*,
» si ces caractères étaient rendus palpa-
» bles; etc.? »

M. Haüy soumit, le 16 février 1785, au jugement de l'Académie royale des sciences, un mémoire dans lequel il expliquait les moyens dont il proposait l'emploi pour l'instruction des aveugles.

Il fut fait, par MM. Desmarets, Demours, Vicq-d'Azir et de la Rochefoucault, commissaires choisis à cet effet, un rapport dans lequel ils dirent que « la méthode de
» M. Haüy ressemblait à celle de l'aveugle

» du Puyseaux (1) et de Mlle Salignac; que le » procédé pour l'étude de la géographie » était à-peu-près le même que celui de » M. Weissembourg de Manheim (2); que » M. Lamouroux avait fait fondre autre- » fois (3) des caractères mobiles pour la » musique, etc., etc. »

Néanmoins, ils reconnurent, pour être de son invention, l'impression des livres en relief; et après avoir rendu compte des opérations faites, en leur présence, par le jeune Lesueur, aveugle né, ils terminèrent ainsi leur rapport: « Nous proposons à l'Acadé- » mie, en donnant son approbation à la » méthode que M. Haüy lui a présentée, de » l'exhorter à la rendre publique, et de l'as- » surer qu'elle recevra volontiers les nou- » veaux comptes qu'il pourra lui rendre de » ses efforts, pour la porter au dégré de » perfection dont elle est susceptible (4). »

---

(1) *Rapport de l'Académie*, page 7.
(2) *Id.* pag. 9.
(3) *Id.* pag. 3.
(4) *Id.* pag. 13.

Le premier asyle que la bienfaisance ouvrit aux jeunes aveugles, fut institué en 1784. C'est la pitié qu'inspiraient ces infortunés, la plupart errans, sans asyle, sur la voie publique, en proie à l'ignorance et à la misère, qui détermina quelques personnes généreuses et sensibles à les accueillir pour les soustraire à la contagion du vice ; mais l'œuvre n'eût point été complette si, pour s'épargner l'affliction de les voir souffrir publiquement, on se fût contenté de les reclure dans un hospice à un âge où leur intelligence pourrait être heureusement développée. Il existait d'ailleurs depuis plusieurs siécles, pour les aveugles âgés, un hôpital (1) dû à la piété

---

(1) C'est mal-á-propos que l'hospice des Quinze-vingts a reçu et conserve encore aujourd'hui la dénomination d'hôpital. On devrait n'appeler ainsi que les maisons où l'on admet des sujets malades, pour y être traités. Un hospice est un lieu où des personnes indigentes, âgées ou infirmes, sont entretenues et hébergées, comme on disait autrefois, en qualité de pensionnaires, jusqu'à ce qu'une maladie grave les obligeât à aller à l'infirmerie, qui est l'hôpital de ces maisons-là. Ainsi, on dit : l'hôpital

d'un de nos rois ; mais il n'y avait en France aucune maison pour les jeunes aveugles, dont le nombre était bien plus considérable encore, avant la pratique de la vaccination.

---

de la Charité, l'hôpital S^t.-Louis, mais il faut dire l'hospice des vieillards, l'hospice des incurables etc.

Avant la suppression des monastères, il existait dans certaines abbayes de campagne, une espèce d'hospice où les voyageurs trouvaient, pour la nuit, asyle et nourriture, où les moines mendians, munis de la patente épiscopale, étaient accueillis, où les pélerins recevaient la passade, et les pauvres du voisinage, la soupe et le pain quotidien. Plusieurs maisons de cette espèce existaient dans nos villes et empêchaient par les bonnes œuvres qu'on y exerçait les progrès du vice et de la misère. De ce nombre était celle des filles Ste. Catherine, rue des Lombards, fondée en 1188, où de pauvres femmes, sans place, étaient reçues et nourries pendant 3 jours, et beaucoup d'autres qui ne me sont pas aussi bien connues que celle-ci, qui est aujourd'hui une propriété des jeunes aveugles. Notre révolution, en dénaturant le langage, nous a enlevé aussi ces établissemens qui rappelaient les mœurs patriarchales, et la piété de nos pères. On ne trouve nulle part aujourd'hui aucun vestige de ces antiques fondations, si ce n'est sur le mont Saint-Bernard, où, pour l'utilité des voyageurs, subsiste encore, au milieu des neiges, un de ces pieux ermitages.

On les entassait sans discernement dans les hôpitaux, où, dévorés d'ennui, ils attendaient en languissant la fin de leur pénible existence. Il y avait, dit M. le marquis de Pastoret, dans son rapport sur les hôpitaux, un grand hospice pour les aveugles incurables; il n'y en avait point pour le traitement de la cécité (1).

---

(1) Il n'en existe pas non plus aujourd'hui; mais l'institution supplée, jusqu'à un certain point, au défaut de ce genre de secours, puisqu'on y traite les sujets qui offrent quelques espérances de guérison, et plusieurs fois on a rendu à leurs familles, jouissant du bienfait de la vue, des enfans qui avaient été placés dans l'établissement comme aveugles. Ceux qui, par défaut de cécité totale, n'ont pas droit à être définitivement reçus dans la maison, sont admis, deux fois par semaine, aux consultations gratuites qu'on y donne sur les maladies des yeux. Enfin, le médecin de l'Institution fait régulièrement, chaque année, un cours public sur ces maladies, pour l'instruction des jeunes médecins, qui ont l'avantage de trouver, dans l'examen du grand nombre de malades qui viennent demander des conseils, une clinique spéciale d'autant plus précieuse, que depuis l'époque où *Deshaye-Gendron*, oculiste, cessa de faire à Saint-Côme ses démonstrations, il n'a point été fait de leçon publique sur

Ce n'était donc pas un hospice qu'il s'agissait de créer, mais une école où les enfans aveugles pussent, à la fois, être instruits et consolés. Eh! quel moment eût été plus favorable à l'érection d'un tel établissement que celui où la philantropie était devenue en quelque sorte une espèce de mode, je dirai presque une fureur à laquelle tout le monde s'abandonnait? Heureux si, quelques années après, on n'avait pas vu détruire, avec un égal fanatisme, toutes ces utiles institutions, monumens éphémères de la piété, et peut-être, hélas, de la vanité des fondateurs!...

Jamais la charité ne fut plus active qu'à cette époque où une fermentation générale entraînait tous les cœurs vers la bienfaisance. On vit, dans le court espace de quatre années, s'élever à Paris trois hôpitaux con-

---

cette branche importante de la médecine pratique. Nous nous sommes chargés, avec plaisir, de la double tâche de faire le cours et les consultations, parce que ce travail utile nous a semblé être le complément de la bonne œuvre à laquelle nous nous sommes dévoué.

sidérables, qui conservent encore aujourd'hui les noms de ceux qui les dotèrent. Une foule d'autres maisons de moindre importance, furent fondées dans la capitale et dans les provinces, tandis que MM. Bailly, Tenon, Larochefoucault échauffaient le zèle des amis des pauvres par des mémoires qu'on n'oubliera jamais, où règnent l'intérêt le plus tendre et le savoir le plus étendu.

Ce mouvement se communiqua à toutes les classes de la société. Chacun voulait se distinguer par un bienfait nouveau. On fit des souscriptions, des abonnemens de toute espèce: on se coalisa, pour ainsi dire, contre la mendicité qu'on cherchait à dissiper par des moyens peut-être plus propres à la perpétuer qu'à la détruire.

Ce fut dans cette circonstance que les jeunes aveugles fixèrent l'attention publique. Quelques personnes, flattées de trouver une manière neuve de pratiquer le bien, s'empressèrent de les favoriser. Leurs moindres succès, grossis par d'enthousiastes protecteurs, se métamorphosaient en merveilles. Chacun voulait s'assurer par lui-même de la vérité des prodiges qu'on racontait. Il faudrait méconnaître les magiques effets de la mode et de la réputation, à Paris, pour douter de la vogue qu'eurent les aveugles; ils devinrent l'objet de toutes les conversations (1).

Les jeunes aveugles cherchèrent à mériter les éloges prématurés qu'on leur prodiguait, et en très-peu de temps, de pauvres enfans, naguère confondus dans la classe obscure des indigens, devinrent les objets d'une admiration méritée. Leurs efforts et leurs succès justifiêrent bientôt la dénomination d'*Aveugles travailleurs* qui leur avait été donnée par le public.

Ils furent visités, examinés par les personnes les plus distinguées. On s'empressait à l'envi de leur donner les marques les plus touchantes d'intérêt; mais cet intérêt tout

---

(1) L'Académie royale de Musique donna un concert à leur bénéfice, le 17 février 1785; et le 26 décembre de la même année, ils furent admis à l'honneur de faire, à Versailles, un exercice de leurs travaux devant le Roi et les seigneurs de la Cour.

flatteur qu'il était, n'aurait eu qu'un bien faible résultat, si une bienfaisance mieux organisée n'eût mis à profit ces ressources.

La société philantropique, qui sera longtemps célèbre par le bien qu'elle a fait, se chargea de l'administration du matériel des aveugles qu'elle établit en 1784, dans un hôtel, rue Notre-Dame-des-Victoires, n° 18 (1). Elle n'a cessé de s'intéresser au sort de ces infortunés jusqu'au moment où

(1) C'est ici le lieu de rendre hommage aux bienfaiteurs de l'Institution, au rang desquels il faut placer M. Bailly, maire de Paris, si connu par son beau talent et sa fin désastreuse, qui, le premier, procura aux aveugles des secours à domicile; M. de La Rochefoucault, dont le nom rappelle la bienfaisance, qui obtint pour eux, en 1790, le couvent des Célestins; Madame de Planoy, dont la charité était si ingénieuse, qu'elle était parvenue à donner aux travaux des aveugles une valeur presque suffisante pour pourvoir à leurs besoins, pendant qu'il ne leur était rien alloué par le gouvernement; Madame Duménil, Madame de Staël, Madame de Lafayette, M. Desfaucheretz, et tant d'autres que les bornes d'une note ne me permettent pas de nommer, mais dont la reconnaissance nous fait un devoir de conserver précieusement le souvenir.

Louis XVI ordonna qu'ils seraient entretenus aux frais de l'État. La confiance que cette société inspirait donna un nouvel élan à la bienfaisance. M. le duc de *Larochefoucault-Liancourt* obtint en 1790, du directoire du département, une portion de l'ancien couvent des Célestins, pour y placer les jeunes aveugles avec les sourds-muets. Ce fut là qu'on se pressait en foule pour leur apporter tout ce qu'on pensait leur être utile en hardes et en ustenciles; mais que pouvaient d'aussi faibles secours temporaires pour faire subsister plus de cinquante personnes.

Il avait été fait depuis 1784 jusqu'à l'année 1790 des dépenses considérables pour divers essais relatifs à l'instruction, que la société avait paiées, dans l'espoir que les produits des travaux des aveugles l'aideraient à recouvrer ses avances, comme on le lui avait fait espérer. L'expérience ne vérifia point ce calcul; au contraire, les moyens de l'établissement s'affaiblissaient tellement, qu'en 1791, il ne pouvait plus se soutenir par ses propres forces. Les élèves manquaient des choses les plus nécessaires à la vie. C'en était fait de l'institution et des espérances qu'on avait conçues d'améliorer la triste situation des aveugles en les instruisant.

L'intérêt qu'ils avaient inspiré, les succès qu'ils avaient obtenus, fruits de tant de soins et de constance, dissipés comme ces lueurs passagères qui rendent l'obscurité plus profonde, nous laisseraient à peine aujourd'hui le souvenir de leur existence, si de promptes mesures n'eussent été prises pour empêcher une ruine totale.

Les choses étaient dans cet état lorsque l'assemblée constituante rendit le 21 juillet 1791, un décret portant que l'institution serait désormais entretenue aux frais de l'État, et qu'il serait annuellement fourni par la trésorerie nationale les fonds nécessaires, pour pourvoir à tous ses besoins (1) ; un ré-

(1) Qu'il est glorieux pour la France, si féconde en établissemens utiles, d'avoir, la première, donné à l'Europe l'exemple de la création d'un pareil établissement, dont on ne trouve aucune trace chez les anciens, qui ne connaissaient même pas l'usage des hôpitaux ; car les

glement provisoire fixa les diverses branches d'administration, et confirma l'arrêté du directoire du département de Paris, en date du 20 avril précédent; mais les dispositions réglementaires n'étant ni assez précises, ni

---

réserves prescrites par Moïse; les réfectoires conventuels de Lycurgue; les lois *Annonaires* du sénat romain, les gérusies de Sparte, dont parle Vitruve (*a*), ne ressemblaient nullement à nos établissemens hospitaliers d'aujourd'hui. Homère, Thucydide, Hérodote, Hippocrate, ni Plutarque même, cet observateur si fidèle des mœurs de son temps, n'ont signalé l'existence d'aucun établissement consacré au soulagement de l'infortune et du malheur. Saint-Jérôme a le premier parlé de ces sortes de maisons, dont M. Mongez croit trouver l'origine en Palestine, vers la fin du troisième siècle, dans ces asyles que de pieuses femmes offraient aux pélerins, qui allaient visiter les saints lieux (*b*).

Montaigne (*c*) parle des hôpitaux qu'on entretient soigneusement en Asie pour les animaux. Howard (*d*) a vu,

(*a*) Vid. Vitruve de Gerusiis et hospitalibus.

(*b*) Voyez Dissertation sur l'antiquité des Hôpitaux, par Mongez, 1780: et le savant Mémoire de MM. Percy et Willaume, couronné par la société des Sciences, Belles-Lettres et Arts de Mâcon, le 31 juillet 1812.

(*c*) Montaigne, Essais, liv. 2, chap. II, de la cruauté.

(*d*) Howard, establish of humanity, London, in-8, 1787.

peut-être assez bien observées, on résolut, peu après, de séparer l'institution des aveugles de celle des sourds-muets, avec laquelle elle avait été réunie, pendant plusieurs années; cette séparation se fit en vertu d'une loi du 10 thermidor an 3e. Les jeunes aveugles furent placés dans la maison Ste-Catherine, rue des Lombards. Le nombre des élèves fut porté à 86, un par département, et le taux de la pension à cinq cents livres. Il n'y avait point alors d'administration ni de commission de surveillance; l'économe comptait de clerc à maître. Les changemens qui devaient résulter de cette nouvelle organisation

---

près de la Mosquée Sainte Sophie, à Constantinople, une salle établie pour des chats auxquels on prodigue toutes sortes d'attentions, tandis qu'on ne trouve pas un seul établissement pour accueillir les Aveugles et les Muets, dans une contrée où le mutisme et la cécité sont si communs. Pourrait-on se défendre d'éprouver quelque satisfaction d'être né français, lorsqu'on songe que la plupart des établissemens utiles qui existent aujourd'hui en Europe, ont pris naissance au milieu de nous et ont été naturalisés ensuite chez les étrangers qui les ont imités.

ne furent pas aussi heureux qu'on se l'était promis.

Le ministre de l'intérieur prit, le 15 vendemiaire an 9, un arrêté qui ordonnait au chef de l'établissement de présenter un projet de réglement, et un plan d'instruction fixe et définitif.

Enfin, le 4 nivôse suivant, un arrêté des consuls, ordonna que les aveugles travailleurs seraient sur le champ transférés dans l'enclos des Quinze-vingts, et la gestion de cet établissement confiée à l'administration de l'hospice. Cette translation s'effectua le 26 pluviôse.

Un réglement sage et ferme, qui n'avait que l'inconvénient d'être, dans beaucoup de parties, commun aux deux établissemens, fut donné par le ministre le 23 ventôse de la même année. (1)

C'est par suite de cette mesure, que les

---

(1) Ce qui précède est extrait du rapport que j'ai fait à S. Excel. le Ministre de l'intérieur, sur l'état de l'Institution pendant les exercices 1816 et 1817.

jeunes aveugles, sous la dénomination d'aveugles de deuxième classe, ont été confondus pendant quatorze années, avec les pauvres aveugles hébergés dans l'hôpital des Quinze-Vingts, quoiqu'il n'existât entr'eux d'autres rapports que l'identité d'infirmité. Le premier de ces établissemens est un hospice où l'on peut être admis, à toutes les époques de la vie, sans être né aveugle, où chaque indivividu vit privément; tandis que l'autre est un véritable collége consacré à l'instruction de sujets nés aveugles, qu'on y entretient pendant un temps limité, vivant en commun, soumis à des réglemens généraux, et auxquels on enseigne à gagner leur vie par le travail, lorsqu'après un séjour de huit années dans l'Institution ils sont rendus à la société.

On ne peut qu'applaudir au zèle de l'administration des Quinze-Vingts et aux efforts qu'elle a faits pour améliorer le sort des jeunes aveugles, pendant tout le temps qu'elle a été chargée des intérêts de l'institution. Mais un obstacle toujours renaissant, indestructible, s'opposait au bien, et cet obstacle résultait de l'incohérence des deux établissemens réunis. Chaque jour, la dégénération était sensible ; les réglemens étaient tombés en désuétude ; les jeunes aveugles demeuraient oisifs, une très-grande partie de la journée ; l'étude de la musique était presque leur unique occupation, depuis qu'on ne les appliquait plus aux travaux manuels et qu'il ne leur était fait que deux classes par jour. Tout enfin annonçait la ruine prochaine d'un établissement qui, quelques années auparavant, avait excité un intérêt général.

Pénétrée de la nécessité d'habituer, de bonne heure, au travail, des enfans qui, la plupart, appartiennent à des parens pauvres, l'administration chercha à les employer utilement dans deux manufactures de draps et de tabac, qu'elle établit en 1806, dans l'enclos de l'hôpital, pour les aveugles de première classe et les individus clair-voyans de leurs familles ; mais des pertes considérables obligèrent bientôt à renoncer à ces deux entreprises, qui ne remplissaient nullement les intentions charitables de l'administration : au très-grand inconvénient attaché au rapprochement des vieux avec les jeunes aveugles, se joignait l'inutilité d'un travail qui ne devait jamais leur être profitable, puisqu'ils y concouraient seulement comme aides, sans apprendre, dans toutes ses parties, un état qu'ils pussent ensuite exercer au-dehors pour exister.

Le 8 février 1815, le Roi, en ordonnant que l'hôpital serait replacé sous la direction du Grand-Aumonier de France, ordonna aussi que l'Institution serait separée de cet hôpital, conservée dans les attributions du ministère de l'intérieur, et qu'elle serait désormais régie et gouvernée par une administration spéciale.

Cette translation, retardée par les événemens de 1815, s'est effectuée le mardi 20 février 1816, et l'Institution se trouve aujourd'hui placée dans l'ancien séminaire Saint-Firmin, rue Saint-Victor, n° 68.

Tout était à refaire après la translation, tant pour le matériel que pour l'instruction;

mais la chose la plus urgente était la réorganisation morale de l'Institution : changer de local sans changer de mœurs, admettre de nouveaux sujets sans avoir préalablement renvoyé ceux dont la présence était inutile, eut été plus dangereux qu'utile. Il fallut donc se déterminer à un douloureux sacrifice ; il fallut rendre à leurs familles un très-grand nombre d'élèves, malheureux dépositaires de l'esprit d'insubordination et de licence qu'ils avaient puisé dans leur première demeure, et dont la tradition aurait été conservée par eux.

Quarante-trois élèves sortirent des Quinze-Vingts et n'entrèrent point à Saint-Firmin (1). Cette ablation désorganisa les différentes parties de l'enseignement ; mais le zèle des

---

(1) Sur ce nombre, cinq ont été admis dans l'hôpital des Quinze-Vingts, deux à Bicêtre, un à l'Ecole des Arts et Métiers de Châlons; trois à la Salpêtrière; douze ont obtenus du grand-aumônier la pension de 150 francs, accordée aux externes; sept qui étaient clairs-voyans gagnent leur vie comme tels, et les autres se sont retirés dans leurs familles.

instituteurs surmonta tous les obstacles : ils travaillèrent avec empressement à former de nouveaux élèves, et le succés couronna leurs pénibles efforts. Tout est réparé au moment actuel. Les classes sont remplies de sujets qui se distinguent par leur aptitude : il en est même plusieurs qui font déjà, dans les exercices publics, l'étonnement et l'admiration des visiteurs. Aussi saisissons-nous l'occasion de rendre ici à notre collaborateur, M. Dufau, second instituteur des garçons, et à mademoiselle Cardeilhac, institutrice des demoiselles, la justice qu'ils méritent, en signalant les droits qu'ils ont acquis à la reconnaissance de l'administration, par les soins assidus qu'ils se sont donnés pour obtenir aussi rapidement un pareil résultat.

Un besoin non moins pressant, après la translation, était celui d'un réglement sage, ferme et propre à empécher la régénération des abus ; qui déterminât d'une manière imprescriptible les devoirs des chefs et des subordonnés et rendît facile, pour les uns, l'exé cution de la règle, et pour les autres, les moyens de la faire observer.

Le ministre avait désiré que le nouveau réglement soumis à son approbation fût calqué sur ceux des grands établissemens de la capitale. A cet effet, on consulta, pour le rédiger, les statuts des maisons de Bicètre, de Charenton, des Quinze-Vingts, des Sourds-muets; et l'on prit, dans les anciens réglements de l'institution, ce qui parut pouvoir être conservé; on tâcha de concilier ce qui est dû à des êtres malheureux par la privation d'un sens précieux, avec ce que la justice et la prudence réclament pour maintenir le bon ordre dans une famille nombreuse, où il fallait, sans transiger avec le mal, établir de suite une prompte réforme.

La confusion des sexes est aujourd'hui soigneusement interdite; on ne favorise plus, comme autrefois, les mariages entre aveugles et il n'est plus souffert dans l'Institution, de ménages, sources continuelles de discordes et de mésintelligences. Un gouvernement paternel et juste a donc remplacé le régime versatile et foible, qui, pendant si long-tems, a empêché le bien de s'effectuer.

On me pardonnera, j'espère, cette digression; je l'ai crue nécessaire pour donner une idée complète de l'origine et des progrès d'un établissement qui paraît si digne, par son utilité, de l'intérêt qu'il inspire.

Ce Traité sera divisé en trois parties : la première, comprenant cinq chapitres, renfermera des considérations générales sur l'esprit et le caractère des aveugles; la seconde, qui en contiendra deux, sera consacrée à faire connaître les aveugles célèbres qui se sont distingués dans les sciences et les arts; la troisième enfin, composée de vingt-deux chapitres divisés en deux sections, sera spécialement destinée à rendre compte des procédés employés à l'Institution, et des différentes modifications qu'ils ont subies jusqu'à ce jour.

Je m'estimerai heureux si j'ai pu atteindre le but que je me suis proposé en écrivant cet Essai. Je ne voulais point faire un Traité purement spéculatif, ni un roman sur l'instruction des aveugles : je désirais offrir à ceux qui n'ont pas eu le bonheur d'être instruits dans cette maison, les moyens de l'être au sein de leur famille.

J'ai désiré laisser un manuel pratique d'instruction pour les aveugles, avec lequel toute personne d'un esprit ordinaire pût arriver sans beaucoup de peine à des résultats bien précieux pour une âme sensible, et les accommoder à la position sociale, à l'intelligence de chaque individu affligé de cécité. Il suffira d'un peu de constance de la part de l'instituteur, et cette constance se tronve tout naturellement placée dans le cœur, à côté des vertus douces et bienfaisantes. Quelle mère, quelle femme pieuse manquerait de patience et d'industrie auprès d'un malheureux enfant à qui ses soins vont donner une seconde et meilleure existence? J'ai voulu prouver enfin, par les résultats d'une longue expérience, que les aveugles peuvent être instruits dans quelques sciences et quelques arts, aussi bien que les autres hommes; qu'ils ont des dispositions que l'on peut développer par des méthodes qui leur sont particulières, et qu'ils peuvent facilement, à l'aide des diverses professions mécaniques auxquelles on les exerce, pourvoir eux-mêmes à leur existence.

Loin donc de faire un secret des moyens que nous employons, nous voudrions qu'ils fussent connus partout où il y a des aveugles, et en cela nous ne faisons que seconder les vues bienfaisantes du Gouvernement.

Nos vœux sont en partie comblés aujourd'hui, puisqu'on a déjà créé dans divers royaumes (1) plusieurs institutions basées

---

(1) S. M. l'empereur Alexandre fonda, en 1806, à Saint-Pétersbourg, une institution pour les aveugles de ce vaste empire. L'archiduc Jean d'Autriche, dans le voyage qu'il fit en 1814, à Paris, prit lui-même des notes pour en établir une semblable à Vienne. Un philantrope aussi charitable que désintéressé, M. Kalina de Jatenstein, a institué, à ses frais, une école pour les aveugles à Prague. Il ne connaissait aucun de nos procédés, avant d'avoir visité l'établissement de Paris; nous nous sommes fait un devoir de lui fournir tous les matériaux nécessaires pour achever ce qu'il a si bien commencé. S. M. le roi des Pays-Bas vient de fonder, dans son royaume, où il y a

sur les mêmes principes que la nôtre, et d'après les renseignemens qui nous ont été demandés.

Heureux enfans! peut-on dire aujourd'hui avec confiance aux aveugles, vous serez donc consolés! Vous ne serez plus, comme autrefois, repoussés par vos semblables, et considérés comme une espèce dégradée : la cruelle exception qui vous séparait dn reste des hommes n'existera plus ; les torts de la nature sont réparés ; on ne vous reprochera plus votre infirmité et le malheur de votre naissance..... C'était pour faire de vous d'honnêtes gens et des chrétiens de bonne foi,

---

une si grande quantité d'aveugles, une institution semblable à la nôtre; le roi d'Espagne a fait prendre des renseignemens pour en établir une à Madrid, et déjà il a été remis, à cet effet, à son ambassadeur, un mémoire très-détaillé sur le régime et l'instruction. Les amis de l'humanité verraient avec plaisir que les deux beaux hospices de Londres et de Liverpool, où les aveugles ne reçoivent point d'instruction, fussent convertis en des écoles semblables à celle de Paris, que tous les Anglais distingués qui voyagent sur le continent, s'empressent de visiter.

que des personnes généreuses vous tendirent une main secourable, et s'efforcèrent de créer des moyens de vous instruire : elles sentirent combien serait désespérante votre situation, si vous n'étiez soutenus et encouragés par les consolations que la religion prodigue plus particulièrement à ceux qui souffrent. Ah! que vous seriez coupables si vous vous rendiez ingrats ! N'oubliez jamais cette noble pensée de vos bienfaiteurs, et songez qu'une conduite opposée à leurs pieux desseins serait le plus grand outrage que vous pourriez faire à leur mémoire.

Pour moi, dépositaire de cette précieuse tradition, je me félicite, chaque jour, d'avoir été appelé à coopérer à une aussi bonne œuvre, et je me plais à penser que, lorsqu'il ne restera de moi qu'une froide poussière, vous conserverez encore parmi vous, mes chers enfans, le souvenir de celui qui consacra sa vie à votre bonheur et à votre prospérité.

Je croirais laisser ce discours très-imparfait, si, avant de le terminer, je ne satisfaisais à un besoin pressant de mon cœur, en exprimant ma reconnaissance à ceux qui ont bien voulu m'aider de leurs conseils et des lumières de leur expérience. C'est une véritable jouissance pour moi de placer au premier rang M. le chevalier Charles de Pougens, membre de l'Institut, le plus illustre des aveugles de nos jours, aussi distingué par son talent que par sa modestie et la douceur de son caractère; mon excellent ami, l'abbé Sicard, le protecteur-né de tous les malheureux, qui rechercha toujours les occasions de faire le bien, et dont la vie entière a été une habitude de bonnes œuvres.

Pourrais-je oublier le tendre intérêt que S. Exc. le Ministre de l'Intérieur veut bien prendre à l'Institution ainsi que MM. les employés du Ministère (1) qui sont toujours occupés d'améliorer le sort des infortunés confiés à mes soins. Mais comment n'en serait-il pas ainsi, lorsqu'un Roi, ami de l'humanité, a daigné prendre sous sa protection immédiate, et

---

(1) Je ne saurais trop exprimer quelles sont les obligations que nous devons à M. Edouard Laffon-de-Ladébat, chef du bureau des secours, pour l'intérêt qu'il n'a cessé de prendre à l'Institution depuis qu'elle a été séparée des Quinze-Vingts. C'est à son zèle, à ses lumières et à son active bienfaisance que nous sommes redevables de tous les avantages que nous avons obtenus; aussi nous plaisons-nous à le placer au rang des bienfaiteurs d'un établissement à la réorganisation duquel il a si puissamment coopéré.

relever une Institution si éminemment philantropique, qu'il honore d'une bienveillance toute particulière ! Estimons-nous heureux d'être les dispensateurs de semblables bienfaits, et d'avoir à recueillir, chaque jour, les actions de grâces de ceux qui en sont l'objet. C'est la plus douce et la plus flatteuse récompense de nos travaux.

ESSAI

SUR

L'INSTRUCTION DES AVEUGLES.

PREMIÈRE PARTIE.

CONSIDÉRATIONS GÉNÉRALES SUR L'ESPRIT ET LE CARACTÈRE DES AVEUGLES.

CHAPITRE PREMIER.

La perte d'un sens tourne-t-elle à l'avantage des autres?

On agite, depuis bien long-temps, la question de savoir si la perte d'un sens augmente l'intensité des autres; si le sourd-muet de naissance et l'aveugle-né ont sur les autres hommes quelques avantages réels, resultant d'un développement particulier des sens qui leur restent. La solution de cette importante question pourrait jeter un grand jour sur l'explication de plusieurs phénomènes de l'entendement humain, et sous ce rapport, elle est digne de toute l'attention des philosophes et des métaphysiciens

Frappé de l'erreur dans laquelle beaucoup de personnes sont tombées à cet égard, j'ai réuni mes recherches sur les aveugles à celles qu'avait faites, sur les sourds-muets, mon illustre collègue l'abbé Sicard, afin de savoir quelle en était la cause, et je me suis convaincu que ni le sourd, ni l'aveugle, ne sont supérieurs aux autres individus jouissant de l'usage de tous leurs sens : l'adresse qu'on remarque dans les aveugles pour le toucher, et l'aptitude des sourds-muets à saisir tous les traits de la physionomie, résultent de la nécessité où ils sont, les uns, de se servir presqne continuellement du tact pour suppléer à la vue qui leur manque, et les autres, d'employer la vue pour remplacer l'ouïe et la parole : l'organe n'en est pas moins en tout semblable à celui des clair-voyans ; et si l'aveugle-né opéré par Cheselden ne reconnaissait plus par le toucher, après l'extraction de la cataracte, les objets comme il le faisait auparavant, ce n'est pas qu'il eût perdu, en recevant la vue, la faculté de toucher, mais seulement parce qu'il ne l'employait plus que comme sens auxiliaire et correctif de la vue.

L'effet inverse arrive aux personnes qui deviennent aveugles après avoir vu pendant une partie de leur vie : les unes et les autres ont besoin de faire l'éducation du nouveau sens qu'elles développent : les sens qui remplacent ceux qu'on a perdus sont plus exercés ; ils acquièrent quelquefois, je l'avoue, une délicatesse exquise, qni augmente beaucoup leur susceptibilité ; mais l'œil du sourd ne pourra point entendre, ni les doigts de l'aveugle ne verront jamais. Il résulterait du faux principe que nous cherchons à détruire, qu'un individu qui aurait perdu deux et même trois sens, en serait dédommagé par une compensation qui répartirait sur les deux autres les facultés de ceux qui manqueraient. Ainsi, la jeune fille qu'on a vue, y a quelques années, à l'Institution des sourds-muets, qui était à-la-fois sourde-muette et aveugle, réduite à deux sens, aurait dû retrouver, d'aprés cette étrange supposition, dans le toucher et l'odorat seuls, les moyens d'acquérir des idées plus ou moins parfaites sur la lumière, les sons et la parole. Rien n'est plus contraire à l'évidence ; elle n'avait qu'une existence végétative ; elle était privée de l'impression ou ébranlement que font sur nos sens les objets extérieurs, qn'on appelle pour cela *sensations organiques*, lesquelles ne peuvent exister lorsque l'organe chargé de les percevoir et de les transmettre n'existe pas: son âme, comme emprisonnée. devait être condamnée à une inaction absolue (1).

Néanmoins, cette jeune fille, à laquelle il était impossible de rien communiquer, était peut-être susceptible de ces émotions intérieures, immatérielles, étrangères aux sensations organiques, qui semblent plus dépendre de l'esprit que des sens, qui se rapportent plus aux objets insensibles et moraux qu'aux objets physiques et sensibles. J'ai vu quelquefois sa figure se colorer, et paraître dans l'état où nous sommes

(1) M. Le Roi, médecin, qui publia, en 1812, une dissertation fort intéressante sur le rire, fit beaucoup d'expériences sur cette jeune sourde-muette, pour tâcher de développer en elle le rire, qui est, comme l'on sait, l'effet immédiat d'un mode de perception intellectuelle particulier (que j'appellerai *sensation mentale*), que produit en nous une idée ridicule ou plaisante, l'idée de la dérision. On conçoit bien qu'il ne put y parvenir; il obtint seulement un rire convulsif, qui est le résultat d'une sensation factice, que détermine l'excitation mécanique de la peau, connue sous le nom de *titillation* ou de *chatouillement*.

nous-mêmes lorsque la honte ou la frayeur nous saisissent. Peut-être éprouvait-elle alors de la joie ou de la tristesse, du plaisir ou du déplaisir, du penchant ou de l'aversion ; et puisque nos plaisirs et nos peines appartiennent évidemment à notre âme, dont elles sont les perceptions directes, sans appartenir au corps auquel elle est unie, elle pouvait très-bien ressentir ces émotions, que nous avons appelées *sentimens de l'âme*, qui ne supposent même pas le besoin de la réflexion.

Je conçois qu'en étudiant soigneusement les diverses parties du corps des sujets privés de la vue et de l'ouïe, il serait peut-être possible de parvenir à en découvrir quelqu'une susceptible de certaines émotions, et d'établir ensuite par une longue habitude une espèce de correspondance avec eux. Il y a d'ailleurs quelques exemples de ces sortes de communications, qui, comme on le sent bien, ne peuvent avoir que de faibles résultats (1).

---

(1) Jacques Mitchel, né à Ardelach, en Ecosse, le 11 novembre 1795, de Donald Mitchel, ministre de cette paroisse, était sourd et avengle de naissance, par conséquent muet. Cependant MM. Wardropp, Gordon, Glenie et Dugald

Concluons que si, comme il est bien démontré, il n'est rien dans notre esprit qui n'y soit parvenu par les sens (1), dénués de ces intermédiaires, nous devons nécessairement manquer des idées qu'ils nous donnent, parce qu'aucune compensation ne saurait rétablir physiquement l'équilibre lorsqu'il a été une fois détruit. L'art de l'instituteur des avengles et des sourds-muets consiste donc à faire arriver artificiellement à l'âme, par des conducteurs nouveaux, les idées qu'elle aurait toujours ignorées; ils doivent se préparer à cet important travail par un examen profond et si je puis m'exprimer ainsi, par un inventaire exaet de l'entendement des êtres imparfaits dont ils vont être chargés. Ils doivent s'assurer des points de contact qui peuvent exister, des moyens de communica-

---

Steward qui ont rendu compte à la société royale d'Edimbourg de l'état de cet enfant, attestent que la sœur de Jacques Mitchel lui faisait entendre tout ce qu'elle voulait qu'il fît. Le langage de cette sœur consistait en diverses façons de toucher la tête de son jeune frère. (Voyez notice de M. Dugald Steward, du 20 mai 1812, in-4°. Edimbourg.)

(1) *Nihil est in intellectu quod non priùs fuerit in sensu.* (Arist.)

tion qui pourront s'établir entre l'instituteur et l'élève.

Il faudrait ne pas savoir la peine que donnent ces sortes d'éducations, et les obstacles qu'on a à vaincre, pour se refuser à croire que la privation d'un ou de plusieurs sens est le plus grand, comme le plus irréparable des maux, qui ne peut exister qu'aux dépens de notre bonheur et du perfectionnement de nos facultés.

CHAPITRE II.

De la Mémoire des Aveugles.

LA mémoire des aveugles est prodigieuse. Ce phénomène, certain dans son existence et inconnu dans sa nature, tiendrait-il, comme on le pense, à ce qu'ils ne sont pas distraits par la vue? ou y aurait-il dans leur organisation quelque cause qui développât d'une manière spéciale cette faculté?

Quoique la cause occasionnelle dont dépend la mémoire dans son exercice et dans ses fonctions restera vraisemblablement toujours à découvrir, jetons un coup-d'œil rapide sur cette précieuse prérogative de l'homme, et examinons d'où peut dépendre l'accroissemeut de celle qui est départie aux aveugles.

On a comparé la mémoire à un magasin en forme d'archives, où se conserve en dépôt l'empreinte plus ou moins exacte d'une infinité de choses dont nous avons eu ou l'image ou la sensation; empreinte que notre âme retrouve et ranime au besoin, et qui, réveillée, donne, en quelque sorte, une nouvelle existence aux idées et aux images des choses qu'elle a connues dans des temps infiniment antérieurs. Locke la comparait à une table d'airain remplie de caractères que le temps efface insensiblement, si l'on n'y repasse quelquefois le burin. Le père Mallebranche a dit qu'elle consistait dans les traces que les esprits animaux ont imprimées dans le cerveau, lesquelles sont cause de la facilité que nous avons à nous souvenir des choses; ajoutant que ce qui fait que les vieillards perdent la mémoire des choses passées, c'est que leurs fibres sont mêlées de beaucoup d'humeurs qu'ils ne peuvent dissiper, parce qu'ils manquent de feu. Je n'ai rapporté cette dernière définition de la mémoire, donnée par un homme célèbre, que pour prouver combien nous sommes redevables aux sciences physiologiques pour la précision et l'exactitude que les modernes emploient dans leurs définitions; car si le nom de Mallebranche n'imprimait un certain respect, on ne pourrait s'empêcher de qualifier cette ridicule définition de la mémoire de véritable radotage vide de sens et de raison. Reprenons.

Il y a dans l'homme une mémoire de sensation et une mémoire d'intelligence. La première lui rappelle ses perceptions de sentimens physiques; la seconde lui rappelle ses réflexions, ses jugemens, ses raisonnemens, ses spéculations, ses plaisirs et ses peines de l'ordre moral. Il diffère en cela de la brute, qui n'a qu'une mémoire de sensation et jamais une mémoire d'intelligence, parce que des connaissances purement sensitives ne supposent point une substance proprement spirituelle.

C'est principalement de cette seconde mémoire d'intelligence dont les aveugles sont éminemment pourvus. Ils sont privés, il est vrai, du moyen que les yeux offrent aux clair-voyans de se former une mnémonique artificielle; mais peut-être ont-ils une mnémoniqne intérieure, résultant de la trés-grande facilité qu'ils ont d'analyser, comme je le démontrerai plus tard.

Au rapport du père Charlevoix (1), c'est à des aveugles qu'on confie au Japon le soin de conserver le souvenir des événemens les plus importans. Les annales de l'Empire, les histoires des grands hommes, les anciens titres de familles, ne sont pas des monumens plus sûrs

---

(1) *Hist. du Japon*, chap. 11, pag. 203.

que la mémoire de ces illustres aveugles, qui, se communiquant, les uns aux autres, leurs connaissances, forment une tradition historique contre laquelle personne ne s'avise de s'inscrire en faux. Ils ont des Académies où ils prennent des grades, et ils s'y exercent, non-seulement à cultiver leur mémoire, mais encore à mettre en vers ce qu'ils savent, et à orner de tous les agrémens de la poésie et de la musique les plus beaux traits d'histoire. Ils ont leur général, leurs officiers, leurs magistrats, et jouissent d'une grande considération.

Pour trouver une raison physique de l'inconcevable phénomène de la mémoire, quelques philosophes, ont imaginé, assez ingénieusement, dans notre cerveau, une espèce de *clavecin naturel*, composé d'un nombre infini de cordes, parmi lesquelles une foule innombrable qui sont à l'unisson entr'elles, et où, ainsi que sur un clavecin artificiel, la corde ébranlée ébranle et fait frémir celle qui se trouve à son unisson sans en ébranler d'autres.

Voici comment, dans cette hypothèse, la mémoire s'effectuerait en nous : le nom d'Alexandre prononcé, fait une impression sur notre oreille, et agite dans le *sensorium* la fibre à l'ébranlement de laquelle est attachée, dans notre âme, l'idée d'Alexandre.

Cette fibre ébranlée, ébranle successivement toutes celles qui sont à son unisson, et qui se sont mues simultanément, au temps où nous avons lu la vie de ce grand capitaine.

Elle ébranle, par conséquent, autour du siége de l'âme, les différentes fibres dont la vibration doit faire renaître et revivre toutes les idées successives qui ont antérieurement existé en nous, au sujet d'Alexandre. que nous nous rappelons par-là être né de Philippe, avoir asservi la Grèce, avoir détrôné Darius, envahi l'Asie, vaincu Porus, ravagé l'Égypte, et être mort enfin au siége de Babylone.

L'effort que l'on fait pour apprendre par cœur et pour retenir, ébranle successivement, et à plusieurs reprises, une suite de fibres qui se trouvent à l'unisson dans notre cerveau ,ou que la contention maintient, pour ainsi dire, accordées et tellement disposées, que le frémissement de l'une d'entr'elles doit les mettre successivement toutes en action, et donner lieu, dans notre âme, à autant de réveils d'idées ou de sensations.

Dans les mémoires parfaites, l'ébranlement

de l'une de ces fibres communique le frémissement à toutes les autres, parce que l'unisson y subsiste. Dans les mémoires labiles il y a des lacunes, parce que quelques-unes des fibres antérieurement à l'unisson se détendent et perdent l'accord, et en le perdant, elles demeurent muettes et sans mouvement. (*L. Para.*)

Cette mnémonique intérieure est celle dont nous croyons que les aveugles se servent instinctivement. Pénétrés de cette idée, nous évitons soigneusement, soit en les instruisant, soit même en conversant avec eux, de les faire passer trop brusquement d'une idée à une autre, surtout quand ces idées sont disparates, et qu'elles doivent laisser entr'elles un trop grand nombre d'échelons inoccupés. Nous tâchons, au contraire, en procédant analytiquement, de rattacher à ce qui est déjà connu ce que nous voulons faire connaître, et, pour user de la théorie ci-dessus développée, d'attaquer toujours une corde qui vibre avec une autre. De cette manière, les impressions sont profondes et permanentes. Les aveugles, qui, d'ailleurs, se donnent le temps de bien faire ce qu'ils font, agissent toujours successivement. Rien ne les choque autant que l'incohérence. Helvétius a dit (1) qu'une grande mémoire est un phénomène de l'ordre; qu'elle est presqu'entièrement factice, et que, entre les hommes bien organisés, cette grande inégalité de mémoire est moins l'effet d'une inégale perfection dans l'organe qui la produit, que d'une inégale attention à la cultiver. Selon lui, c'est à l'ordre qu'on doit souvent la sagacité de son esprit et toujours l'étendue de sa mémoire. C'est aussi le défaut d'ordre, effet de l'indifférence qu'on a pour certains genres d'études, qui, à certains égards, prive absolument de mémoire ceux qui, à d'autres égards, paraissent être doués de la mémoire la plus étendue. *Ordo ducit ad virtutem*, disait, dans ce même sens, l'immortel évêque d'Hippone.

La mémoire des aveugles pourrait donc bien tenir à l'esprit d'ordre dont ils sont généralement pourvus, et à l'habitude de classer leurs idées qu'ils disposent, de telle manière dans leur tête, qu'ils peuvent en réveiller facilement toute une série. On voit très-peu d'aveugles, atteints de folie, être dans ces états de vésanie et d'aliénation mentale qui supposent nécessai-

---

(1) *De l'Esprit*, chap. 3, discours 3.

rement de l'incohérence dans les idées et une divergence totale dans les fonctions du cerveau. L'attention plus concentrée, fait que les objets qui ne laisseraient en nous que des impressions insensibles, se gravent très-fortement dans leur esprit, Cette faculté, qui est conditionnelle, est troublée ou affaiblie, chez eux, comme chez les clair-voyans, par les maladies, le délire, l'imbécillité, etc., mais à un degré bien moindre, et cela se déduit naturellement des principes que nous avons établis plus haut. J'ai eu occasion de vérifier, plusieurs fois, ce fait, dans les diverses maladies aiguës dont je les ai traités.

On a dit qu'une grande mémoire s'alliait rarement avec un bon jugement. Cette assertion, quoique répétée depuis bien long-temps, est loin d'être démontrée : Lesueur, le Massieu des aveugles, premier élève qui fut instruit avec les procédés dont nous nous servons aujourd'hui, avait une mémoire prodigieuse et un jugement exquis : presque tous les aveugles que j'ai connus réunissaient, à un haut degré, ces qualités précieuses. Je conçois qu'il peut exister des individus doués d'une mémoire mécanique et dénués de jugement;

mais je ne comprends pas qu'on puisse avoir un parfait jugement sans mémoire. *C'est un outil de merveilleux service que la mémoire*, disait Montaigne, *et sans lequel le jugement fait bien à peine son office* (1). On a vu des gens porter à un degré presqu'incroyable la faculté de retenir. Sénèque nous apprend de lui-même que, par un grand effort de mémoire, il répétait deux mille mots détachés, dans le même ordre qu'on les avait prononcés. Muret (2) rapporte qu'un jeune homme de Corse avait trouvé l'art de se faire une mémoire surprenante: il retenait jusqu'à trois mille mots grecs, latins, barbares, sans aucun rapport entr'eux, et dont la plupart ne signifiaient rien. Il les récitait dans le même ordre où ils lui avaient été dictés, descendant du premier, au dernier et remontant ensuite du dernier au premier. Il assurait même pouvoir en apprendre jusqu'à trente-six mille avec la même rapidité. Il enseigna sa méthode à un seigneur Vénitien, qu'il mit en très-peu de temps en état de faire les

(1) *Montaigne*, liv. II, chap. 17.

(2) Muret, *variæ lectiones*, cap. 1, lib. 3, *de quorumdam admirabili memoriâ*.

mêmes choses que lui. Nous avons vu, de nos jours, comment M. Fainaigle s'y prenait pour former des mémoires artificielles. Mais ce n'est point par ce genre de mémoire que les aveugles se font remarquer; ils se distinguent pricipalement par celle qui se rattache à des faits ou à des embranchemens susceptibles d'être développés par le jugement et par la réflexion.

CHAPITRE III.

Des facultés qui se développent chez les Aveugles, et de la prééminence de quelques-unes de ces facultés sur celles des Clair-Voyans.

J'AURAI très-peu de choses à dire pour développer cette question, qui rentre, sous beaucoup de rapports, dans celles que nous avons déjà traitées. Je crois avoir suffisamment démontré que la perte d'un sens ne tournait point au profit des autres, et que rien ne pouvait dédommager les aveugles de la perte de l'organe dont ils sont privés; mais s'il n'y a point de compensation *physique*, la providence n'a pas voulu les laisser entièrement sans consolation, et elle les a doués d'une grande fécondité d'imagination et de beaucoup de rectitude dans le jugement.

Je ne parlerai point d'*Homère*, qui a fait son admirable épopée, étant aveugle; de Milton, qui a parlé de la lumière avec tant de charmes, en commençant le troisième chant du *Paradis perdu*; de notre immortel Delille, de madame Du-deffant et de tant d'autres célèbres aveugles: ce serait sortir du cercle que je me suis prescrit: je sens qu'en voulant prouver ainsi, j'affaiblirais mes moyens. J'ai connu des aveugles-nés excellens poëtes, savans compositeurs; j'en ai vu d'autres, très-habiles dans le négoce, administrer si parfaitement leurs affaires, qu'il aurait été difficile de les tromper.

Prouver que, chez les aveugles, certaines qualités se développent, à un beaucoup plus haut degré de perfection que chez les clair-voyans, c'est, en d'autres termes, dire à quelles erreurs ces derniers sont entraînés par le sens de la vue.

Les aveugles ont une très-grande facilité de décomposer leurs idées, soit analytiquement, soit synthétiquement. Deux aveugles, l'un et l'autre élèves de cette Institution, peuvent être donnés comme des exemples frappans de ce fait: le premier est Paingeon qui, par l'esprit d'ordre dont il est doué, a acquis des connaissances transcendantes en mathématiques, et après avoir remporté, en 1806, tous les prix au concours général des quatre lycées de Paris, fut nommé, par le Grand-Maître de l'Université, professeur de Mathématiques au lycée d'Angers, où il enseigne, avec un très-grand succés; l'autre est J. Delille (aujourd'hui pensionnaire des Quinze-Vingts) qui a porté très-loin la métaphysique de la langue française; un à-plomb parfait, une précision admirable dans ses définitions, caractérisent surtout ce sujet que nous nous énorgueillissons d'avoir formé.

Cette grande facilité d'analyse et de décomposition, qu'on remarque dans les aveugles-nés, est beaucoup plus intense pendant qu'ils sont en état de nature; on s'aperçoit qu'elle faiblit lorsque, par des idées communiquées, ils adoptent nos procédés et nos formules de raisonnement, parce que sans doute alors agissant comme nous avec un instrument de moins, ils sont mal servis. Dans le premier état, au contraire, ce sont des hommes à quatre sens, effectuant des opérations comme nous, et n'imaginant pas qu'il soit besoin d'en avoir cinq, pas plus que nous ne conprenons nous-mêmes ce que pourrait faire de plus un homme qui en aurait six.

C'est donc bien à tort que Mallebranche, et après lui Berkley, soutenant, sans aucune preuve, l'idée révoltante d'un monde purement fantastique, ont avancé que nos sens nous trompent et nous abusent en tout, tandis qu'il est bien démontré, au contraire, qu'il n'y a pas de plus sûrs témoignages que celui qu'ils nous donnent; puisque, chaque fois qu'un de ces conducteurs naturels manque, nous sommes obligés (comme on le fait pour l'instruction des aveugles et des sourds-muets) de créer des moyens artificiels pour faire arriver à l'âme les idées que, dans l'état naturel, ils sont chargés de lui transmettre (1).

Au physique, personne ne leur conteste la

---

(1) Ce serait une plaisante société que celle de cinq personnes dont chacune n'aurait qu'un sens ; il n'y a pas de doute que ces gens-là ne se traîtassent tous d'insensés. Plus un sens aurait de notions particulières, plus il paraîtrait extravagant aux autres (*). Il en résulterait que le plus extravagant d'entr'eux se croirait infailliblement le plus suge ; qu'un sens ne serait guère contredit que snr ce qu'il saurait le mieux, et qu'ils seraient presque toujours quatre contre un. (Diderot, *Lettre sur les Aveugles.*)

(*) On aurait tort de croire cette assertion hazardée ; car il est péremptoirement démontré que la cécité éloigne infiniment le contact entre les idées de l'aveugle et les idées du clair-voyant; elle complique, augmente la difficulté des communications réciproques, puisqu'ayant un sujet commun d'idées, celles de l'un sont invinciblement opposées à celles de l'autre; que l'un niera et l'autre affirmera la même chose du même sujet avec un degré égal de conviction, sans moyen de rectification de leur jugement. On sent ici combien il importe de ne pas abuser des inductions et la nécessité de s'arrêter devant les conséquences.

prééminence sur nous dans l'exactitude de la perception de leurs idées par le toucher, ce sens si éminemment exact, qui trompe si rarement, et que Buffon appelait pour cela un *sens géométrique*. On sait à combien d'erreurs la vue nous expose; combien il faut souvent lui associer le toucher pour ne pas se méprendre; encore cela n'est-il pas toujours praticable, et sommes-nous fréquemment la dupe de nos yeux.

CHAPITRE IV.

État moral des Aveugles ; Nature de leurs idées.

TOUCHÉ de la pitié qu'inspire à tout homme sensible le malheur d'autrui, chacun s'empresse, par une curiosité bien louable, de s'informer de l'état moral des aveugles. On désire savoir s'ils ont, sur beaucoup de choses, les mêmes idées que nous ; quels sont les sentimens naturels qui affectent leur âme, et s'ils sont sensibles et reconnaissans. On demande s'ils sont actifs et curieux ; s'ils sont accessibles à l'ennui ; quelles sont les idées qu'ils se forment de la laideur et de la beauté ; s'ils partagent nos opinions sur le bien et le mal et sur nos idées acquises ; si la disposition à l'athéisme, qu'on leur reproche, est fondée ou non, enfin quels sont leurs goûts, leurs habitudes et leurs défauts.

Quelqu'étendu que soit le cercle de ces questions, je vais tâcher d'y répondre succinctement, sans entrer dans une foule de détails étrangers à mon sujet, et qui sont d'ailleurs du domaine de la métaphysique; je me bornerai à dire ce que l'expérience et l'observation m'ont appris : heureux si je puis répandre sur les infortunés dont j'écris l'histoire, ce tendre intérêt qu'ils m'inspirent à moi-même et qui m'attache si fortement à eux!

La privation de la vue n'enlève pas seulement aux aveugles les sensations que cet organe donne aux clair-voyans, mais encore elle étend son influence sur toutes leurs pensées, qu'elle modifie et qu'elle dénature : aussi toutes les idées qui s'y rattachent, sont-elles fausses ou contraires aux notions que nous avons, parce que, comme l'a très-bien dit Condillac, la nature colorée n'existe pas pour eux; c'est la cécité qui les plonge dans l'ignorance où ils sont des bienséances et qui les prive du sentiment des convenances sociales. La pudeur, qui est une des grâces de la jeunesse, est presque pour eux un être imaginaire, quoiqu'ils aient une sorte de timidité qui tient peut-être plus, il est vrai, de la crainte que de la honte, mais qui augmente beaucoup leur embarras, dans certaines circonstances.

Malheureux dans tous leurs rapports avec les autres hommes, ils ne connaissent que très-imparfaitement ces émotions qui nous entraînent, les uns vers les autres, et décident de nos affections et de nos attachemens. La sensibilité n'a pas, pour eux, les charmes qui nous la font placer au rang des plus douces comme des plus aimables vertus. Infortunés! leur situation, qui les oblige à se tenir en garde contre tout le monde, leur fait souvent ranger dans la même cathégorie leurs bienfaiteurs et leurs ennemis; et, sans le vouloir, peut-être, ils se montrent ingrats. Ce sont ces motifs qui leur font rechercher, de préférence, dans leurs liaisons, les aveugles aux clair-voyans, qu'ils considèrent comme une classe d'êtres à part, Serait-ce qu'ils craindraient notre inconstance, ou qu'ils se méfieraient de notre supériorité, ou bien trouveraient-ils plus de points de contact entr'eux?

On les excusera sans peine, lorsqu'on réfléchira à la quantité de signes perdus pour celui qui est privé de la vue. Les mouvemens extérieurs, qui se peignent avec tant d'expression sur la physionomie, ce miroir véridique de l'âme, n'èxistent pas pour eux. Ils sont continuellement, dans leurs relations avec les autres hommes, comme l'on est avec un individu qu'on ne connaît que par correspondance : on sait bien qu'il existe, mais on ne peut se figurer comment (1).

S'ils sont peu expansifs, d'un autre côté la nature les dédommage amplement en les douant d'une activité prodigieuse d'imagination et d'un besoin insatiable de savoir, qui tient lieu, chez eux, de beaucoup d'affections qui leur manquent, ou du moins de l'extension que ces sentimens pourraient avoir. Cet état de leur imagination chasse l'ennui, qui est un des moindres inconvéniens de la cécité ; car on voit peu d'aveugles qui ne se soient créé une occupation quelconque, et qui n'aient parfaitement réussi.

Forcés de juger les hommes et les choses intrinséquement, ils doivent nécessairement ob-

---

(1) Comme de toutes les démonstrations extérieures qui réveillent en nous la commisération et les idées de la douleur, les aveugles ne sont affectés que par la plainte, je les soupçonne, en général, d'inhumanité. Quelle différence y a-t-il, pour un aveugle, entre un homme qui urine et un homme qui, sans se plaindre, verse son sang ? Nous-mêmes, ne cessons-nous pas de compatir, lorsque la distance, ou la petitesse des objets, produit sur nous le même effet que la privation de la vue chez les aveugles ? (Diderot, *Lettre sur les Aveugles.*)

tenir des résultats plus vrais que nous : d'ailleurs, comme je l'ai déjà dit plusieus fois, ils voient les choses d'une manière plus abstraite que nous, et dans les questions de pure spéculation, ils sont moins sujets à se tromper ; car l'abstraction consiste à séparer par la pensée les qualités sensibles des corps les unes des autres, et l'erreur naît ordinairement d'une séparation vicieuse. Ils n'ont pas, comme nous, besoin de se garantir contre les illusions des sens, puisqu'ils ne peuvent pas être séduits par les apparences : les charmes de la figure, le luxe des habits, la somptuosité des logemens, la dignité des emplois et les préjugés attachés à la naissance ne sont rien pour eux ; c'est l'homme moral qu'ils apprécient. Combien, sous ce rapport, leurs jugemens sont plus sûrs que les nôtres !

Une voix douce et sonore est pour eux le symbole de la beauté. Ils reconnaissent avec assez d'exactitude, au volume de la voix, quelle est la stature et la corpulence de la personne qui parle, la grandeur du local dans lequel ils se trouvent, etc. Mais avec quelle finesse de discernement ces observateurs attentifs ne jugent-ils pas, par ce moyen, de la bonté et de certaines nuances de caractère qui nous échappent, parce que nous n'avons pas le même intérêt à les remarquer ? Ils voient, par une espèce d'intuition anticipée, l'âme à travers son enveloppe (1).

Il y a en effet plus de rapports qu'on ne l'a cru jusqu'ici entre les divers degrés de l'organe vocal et les caractères. Il y aurait, sous ce point de vue, un curieux rapprochement à établir entre les animaux et l'homme, en ouvrant le premier anneau de la chaîne par ces bêtes cruelles, l'effroi des forêts, et la continuant jusqu'à ces animaux paisibles qui naissent dans nos étables pour nous nourrir et nous vêtir. Cette étude, bien digne d'un philosophe, procurerait, j'en suis sûr, d'utiles résultats.

On a eu grand tort de taxer généralement les aveugles d'athéisme. Ceux qui ont avancé cette étrange assertion, ou étaient de mauvaise

---

(1) *Sir John Fielding*, parent de l'auteur de *Tom-Jones*, qui vivait de nos jours, était aveugle ; cela ne l'empêchait point d'exercer, avec un succès signalé, la place de *chief magistrate of the police office*, à Londres ; ce qui répond à celle de lieutenant de police. Il avait, dans la tête, le signalement de plusieurs milliers de voleurs, et lorsqu'on les lui amenait, il ne se trompait jamais.

foi, ou avaient quelqu'intérêt à propager une erreur qui pouvait en étayer beaucoup d'autres. Pourquoi donner une telle idée de ceux qui ont le plus besoin des consolations que la religion prodigue à l'infortune et au malheur? Où iraient ces malheureux, dont l'existence serait mille fois, chaque jour, compromise, si la bontê de Dieu n'ouvrait un œil de pitié sur eux? Repoussés de tout le monde, n'est-ce pas à celui qui ne fait acception de personne qu'ils doivent recourir? Ne doivent-ils pas, comme nous, l'adorer en esprit et en vérité, puisque les yeux du corps ne nous le rendent pas plus visible qu'à eux, et que la foi nous est commune? Ne connaissent-ils pas une partie de ses ouvrages? Le goût des fruits, la suavité des fleurs, le chant des oiseaux, la vicissitude des saisons ne leur rendent-ils pas sensible l'existence de cet admirable architecte de l'univers?

Néanmoins, je ne les justifierai pas entièrement du reproche d'impiété qu'on leur a fait avec quelque fondement. Je suis convaincu plus que personne que cette loi, antérieure à toutes les impressions sensibles, que Dieu donna à l'homme en le tirant du néant, est gravée dans leurs cœurs; mais je suis forcé d'avouer aussi qu'ils ne suivent pas toujours l'impulsion de cette voix intérieure, qui approuve et console quand on fait le bien, et qui tourmente et déchire quand on fait le mal: la conscience enfin n'a pas sur leurs actions l'influence qu'elle a sur nous. Il est facile de déduire les conséquences qui découlent d'un semblable état, et quelles peuvent être leurs idées sur le bien et le mal et sur les notions que nous avons acquises (1). Plaignons-les, si leur infirmité qui les prive

(1) Je n'entends point, par cela, avancer que le juste et l'injuste, le bien et le mal moral soient les résultats d'une organisation physique; mais on ne peut se dissimuler cependant que dans le système de composition de notre nature mixte, l'organisation physique est une condition nécessaire pour que nous puissions apercevoir avec justesse des rapports qui lui sont pré-existans, qui en sont indépendans; et si cette organisation est imparfaite ou lésée, comme dans l'enfance, dans la manie, la cécité etc, il arrive, non pas que les rapports n'existent plus, mais qu'ils sont inaperçus par les êtres que la maladie a dégradés et rendus incapables de mérite ou de démérite. Mais entre l'organisation parfaite et l'entière désorganisation, il existe une infinité de degrés et par conséquent une faculté plus ou moins grande de saisir les rapports, d'où résulte le plus ou le moins de culpabilité dans des actes extérieurement semblables.

de la lumière sensible les prive aussi d'une partie de cette lumière intellectuelle qui éclaire l'homme religieux, et qui lui fait trouver tant de douceurs dans l'observation de ses devoirs. Notre affliction serait profonde, si, consacrant notre existence et nos moyens à améliorer leur triste condition sur la terre, nous devions renoncer à l'espérance de les voir un jour partager la récompense promise à ceux qui ont persévéré dans la pratique du bien.

Je n'ai point connu d'aveugle athée; mais si l'on en rencontrait d'assez malheureux pour ne pas reconnaître le Créateur dans ses œuvres, il faudrait lui répéter ce que dit autrefois le docteur Holmes au célèbre Saunderson qui lui témoignait quelques doutes sur ce point, le plus important de la foi : *Mettez la main sur vous, l'organisation de votre corps dissipera une erreur aussi grossière.*

Comme nous, ils désirent ce qu'il est le plus difficile d'obtenir. Tous les aveugles ont un goût prononcé pour l'indépendance et la liberté. Rien cependant n'est plus contraire à leurs véritables intérêts que l'usage d'une chose dont ils ne pourraient qu'abuser. Alors, on le sent bien, l'art de ceux qui les entourent consiste moins à les satisfaire qu'à leur laisser croire qu'ils sont satisfaits. On évite, par ce moyen, l'exaspération des défauts naturels qu'ils peuvent avoir, et qui, tous, se lient plus ou moins à leur infirmité dont on ne peut leur faire un crime.

L'amour-propre, qui est le plus saillant de leurs défauts et peut-être l'origine de tous les autres, est racheté par des qualités précieuses : une patience à toute épreuve et une tenacité extrême dans leurs entreprises, les rendent capables de surmonter les plus grands obstacles, sans se rebuter jamais.

CHAPITRE V.

Parallèle entre l'état des Aveugles et celui des Sourds-Muets.

Quels sont les plus malheureux des sourds-muets ou des aveugles, nous demande-t-on chaque jour ? A quoi tient la gaîté des uns et la profonde tristesse des autres ? Nous résoudrons la question à l'avantage des aveugles, parce que nous les croyons effectivement moins malheureux.

Etrangers à tout ce qui se passe autour d'eux, les sourds-muets qui voyent tout ne jouissent de rien. Semblables à Tantale, que la fable nous représente dévoré d'une inextinguible soif au milieu des eaux, ils sont continuellement soumis à de cruelles privations. Une insurmontable barrière les sépare du reste des hommes ; ils sont seuls au milieu de nous, si l'on ne connaît cette langue artificielle que le talent et la charité de leur habile instituteur a créée pour eux : l'habitude qu'ils ont de lire sur la physionomie est très-souvent même un sujet d'anxiété de plus pour eux. Ils ne devinent pas toujours bien ; l'équivoque et l'incertitude accroissent leur impatience et leurs soupçons : une teinte sérieuse, qui ressemble à de la tristesse, s'empare alors de leur visage, et prouve qu'avec nous ils sont dans leur véritable état de privation. Obligés de se concentrer en eux-mêmes, l'activité de leur imagination en est beaucoup augmentée ; et comme l'attention et le jugement suivent nécessairement la perception des idées, ils se fatiguent prodigieusement. Aussi voit-on très-peu de sourds-muets dans la liste des longévites, parce que les frottemens sont trop vifs, et que, pour me servir d'une expression commune, mais exacte, la lame use le fourreau.

Mieux partagés que ces tristes enfans du silence, les aveugles jouissent de tous les moyens de communication avec les autres hommes. Aucun obstacle ne s'oppose à ce qu'ils entendent et soient entendus, puisque l'oreille, que l'on a si philosophiquement définie le vestibule de l'âme, est toujours ouverte pour eux. L'échange se fait rapidement, parce qu'ils parlent la langue vulgaire. S'ils sont condamnés à vivre dans une profonde nuit, leur infirmité tourne, pour ainsi dire, à leur avantage, puisque garantis des illusions de la vue, ils ne sont pas, comme nous, assaillis de frayeur : tous les fantômes que l'exaltation de notre imagination crée, leur sont inconnus. Ils marchent avec une égale sécurité, et le jour et la nuit, tandis que nous, exposés sans cesse à porter de faux jugemens sur les objets qui se présentent à nos yeux dans les diverses situations où nous sommes, nous ne pouvons nous délivrer entièrement de l'espèce de crainte intérieure que l'obscurité de la nuit fait ressentir à presque tous les hommes, et sur laquelle est fondée l'apparence des spectres et des figures épouvantables que tant de gens disent avoir vus.

Il serait facile de prouver que les aveugles ont encore plusieurs avantages sur les sourds-muets ; mais ce serait s'exposer sans beaucoup d'intérêt à répéter ce que j'ai déjà dit : ne serait-il pas oiseux, d'ailleurs, d'insister trop long-temps sur un parallèle entre le mutisme et la cécité, puisqu'il ne nous est pas donné d'opter entre l'une ou l'autre de ces mutilations affligeantes, que nous pouvons amoindrir seulement par nos soins, quand elles existent ?

DEUXIÈME PARTIE.

BIOGRAPHIE DES AVEUGLES CÉLÈBRES DANS LES SCIENCES ET DANS LES ARTS.

CHAPITRE PREMIER.

Des Aveugles célèbres dans les Sciences.

L'HISTOIRE nous a conservé le souvenir des aveugles qui ont acquis, par eux-mêmes, de grandes connaissances, avant qu'il existât de méthode d'enseignement pour eux. Le nombre en est considérable; mais je me bornerai, dans ce chapitre, à signaler les plus remarquables et à indiquer les auteurs que j'aurai consultés : car plus les choses sont extraordinaires, plus il faut les entourer d'authenticité. J'ai pensé que cette petite biographie des aveugles célèbres serait agréable aux lecteurs, et servirait, en même temps, à prouver l'utilité de l'instruction actuelle, où l'on a rassemblé et méthodiquement classé les divers procédés épars, imaginés jusqu'à ce jour.

On verra dans la troisième partie de cet ouvrage les perfectionnemens qu'ils ont subis, et avec quelle facilité on instruit maintenant les aveugles.

Le nombre des aveugles était très-considérable en Asie et en Italie, au temps des Romains, La grande quantité de médecins qui ont écrit à cette époque sur les maladies des yeux pourrait servir de preuve (1); mais le mode d'enseignement employé dans ces temps-là n'est point parvenu jusqu'à nous.

Diogène Laërce et Thrasylle (2) rapportent que plusieurs philosophes se privèrent volontairement de la faculté de voir, afin de méditer plus à leur aise. On cite, entr'autres, Démocrite

---

(1) J'ai essayé de démontrer la vérité de cette assertion, à l'ouverture de mon cours public sur les maladies des yeux, fait à l'Institution, en 1816. Une dissertation fort intéressante sur les pierres antiques, qui servaient de cachet aux médecins-oculistes, par M. Tochon-d'Annecy, membre de l'institut, prouve aussi qu'il existait en Italie beaucoup d'apothicaires, ou d'empiriques, qui vendaient des remèdes contre les maladies des yeux (κολλουριον), renfermés dans des vases en terre, dont ce savant académicien a fait la description.

(2) Diog. Laërce, liv. IX; Vossius, *de la philosophie*, chap. 11. Ménage, ad Diog. Laert. IX. § 43. iij.

l'abdéritain. Mais est-il vraisemblable que ce philosophe, le compagnon des gymnosophistes, qui riait de tout, et que ses compatriotes voulurent faire guérir de sa folie par Hippocrate, parce qu'il croyait que toutes choses étaient bien et dépendaient du hasard et de la rencontre fortuite des atômes, se fût aveuglé pour philosopher, lorsqu'on peut si bien le faire en voyant clair? Le témoignage d'un grand homme peut quelquefois accréditer les plus absurdes fables; c'est, sans doute, celui de Cicéron qui a donné quelque consistance à celle-ci (1) : car il eut été, ce me semble, indigne d'un philosophe de se traiter comme un scélérat, puisque le crucifiement et l'ablation des yeux et des paupières étaient, dans ces temps-là, des supplices réservés aux criminels.

L'orateur romain dit que Diodote, son maître de philosophie, s'appliquait avec plus d'assiduité à l'étude de cette science après avoir perdu la vue; et ce qui lui semblait un prodige, c'est qu'il enseignait la géométrie avec tant de précision, que ses disciples n'avaient pas la moindre

(1) Democritus impediri etiam animi aciem aspectu oculorum arbitrabatur. *Cic. Tuscul. disp.*, *v.* 39.

peine à comprendre comment ils devaient tracer les figures les plus composées (1).

AUFIDIUS (Cneus), citoyen romain, qni perdit la vue dans sa jeunesse, ne se distingua pas moins dans l'étude des belles-lettres ; il écrivit même une histoire grecque (2).

EUSÈBE l'asiatique, devenu aveugle à l'âge de cinq ans, avait acquis de grandes connaissances et une érudition profonde. Il professait avec une trés-grande facilité (3).

---

(1) DIODOTUS stoïcus cæcus multos annos nostræ domi vixit ; is vero vix esset quod credibile, cum in philosophiâ, multò etiam magis assiduè quàm anteà versaretur, tùm, quod sine oculis fieri posse vix videtur, geometriæ munus tuebatur, præcipiens discentibus, undè, quò, quamque lineam scriberent. *Cic.*, *ibid.*

(2) C. AUFIDIUS, civis romanus, oculis captus, cum eorum usu careret, nec atrum ab albo posset discernere, videbat tamen in litteris et Græcam historiam scribebat. *J. Zahn. Sensuum externorum mirabilia*, *sect.* 2. *Cicer. tusculan. V. C.* 39.

(3) *Cassiodorus*, *de Inst. div. litter.*, *cap.* 5, tradit de partibus Asiæ quemdam ad nos venisse Eusebium nomine, qui se infantem quinque annorum sic cæcatum esse narrabat, ut sinitrum ejus oculum fuisse excavatum orbis profundissimus indicaret. Dexter verò globus vitreo colore confusus

St-Jérôme nous a laissé l'histoire de Didyme d'Alexandrie, son maître, dont il parle avec le plus grand respect. Cet illustre aveugle, qui perdit la vue à l'âge de cinq ans, florissait dans le quatrième siècle. Ruffin, Palladius, Isidore et plusieurs autres hommes célèbres furent ses disciples. Il acquit de vastes connaissances en se faisant lire les auteurs sacrés et profanes; il était un des plus habiles mathématiciens de son temps; et il s'appliqua spécialement à la théologie pour laquelle il avait un goût particulier. La chaire de l'école fameuse d'Alexandrie lui fut confiée. Il composa plusieurs excellens ouvrages, dont le principal est le Traité du Saint-Esprit, traduit en latin par St-Jérôme. Didyme était aussi pieux que savant; néanmoins son attachement aux sentimens d'Origène, dont il avait commenté les livres, l'a fait condamner après sa mort au concile de Latran. St-Athanase et St-Antoine avaient pour lui la plus grande estime. Il avoua un jour à ce dernier la peine qu'il ressentait d'être privé de la vue : le saint

---

sine videndi gratiâ, infructuosis nisibus volvebatur. Hic disciplinas omnes et animo retinebat et expositione Planissima lucidabat.

solitaire lui fit cette réponse qu'on a conservée : » Je m'étonne qu'un homme judicieux comme » vous, regrette une chose qui est commune » aux animaux les plus méprisables, aussi bien » qu'aux hommes, et qu'il ne se réjouisse » pas d'en posséder une qui ne se trouve » que dans les saints et dans les anges, par » laquelle nous voyons Dieu même, et qui » allume en nous le feu d'une science si lu- » mineuse. » Didyme mourut en 398, âgé de 85 ans (1).

---

(1) Didymus alexandrinus captus à parvâ ætate oculis et ob id elementorum quoque ignarus, tantum miraculum sui omnibus præbuit, ut dialecticam, quoque et geometriam, que vel maximè visu indigeret, usque ad perfectum didicerit. *Hyeronimus, de viris illustr., cap.* 109. *Chron. ad an.*, 376. *Testimonia de Didymo, à Mingarelli, collect. p.* 12, 1.

Didymus Alexandrinus, præsul Cæsariensis, à teneris oculis captus, et ob etiam primarum litterarum ignarus, ita geometriam et dialecticam, quæ magno indigent usu, jàm grandis natu cum primis didicit elementis ut præclara quædam opera in mathematicis scripserit : in psalmos quoque et in evangelium Sancti Mathei et Joannis commentaria reliquerit, sub Valentiniam imp. Alexandrinæ scholæ præfuisse perhibetur. *Socrates, lib.* 4, *cap.* 25. *Ruffinus, lib.* 2, *Eccles. histor., cop.* 7 *et Platina.*

Aboulola, prénom d'*Ahmed ben Soliman*, qu'on a aussi surnommé *Al-Tenouhki al Maarri*, parce qu'il était de la tribu de Tenouhk et né dans la ville de Maarra, en l'année 973 (de l'hégire 363). Certains philosophes lui ont donné la qualification d'*Alami*, parce que la petite-vérole lui fit perdre la vue à l'âge de 3 ans. C'est le plus habile des poëtes arabes. Après avoir étudié 18 mois à l'académie de Bagdet, et joui de l'entretien des savans qu'il y trouva, il retourna à Maarra, d'où il ne sortit plus. Son principal ouvrage, qui est très-estimé des Arabes, et qui a été commenté par Khathid-al-Tabrizi, est intitulé : *Sekth-al-zend*. Il eut pour disciples Khakani et Feleki, poëtes persiens, fort estimés dans l'orient.

Aboulola affectait de ne professer aucune religion, et s'abandonnait à un libertinage effréné. C'est mal-à-propos qu'on l'a cru chrétien. Cet aveugle mourut à Maarra, l'an 1059 de J.-C., ou l'an 1057, selon d'Herbelot. *Voyez* Biblioth. orient.

Gower (le chevalier John), aveugle, mourut à Londres en 1402. Il passe pour le plus ancien auteur qui ait écrit en anglais. On a de lui un poëme intitulé : *De Confessione Amantis*, imprimé, pour la première fois, à Londres, in-folio, en 1493.

NICAISE de Malidnes était en grande réputation dans le quinzième siècle, par l'étendue de son savoir. On considérait comme un prodige, qu'aveugle dès l'âge de trois ans, il eût pu perfectionner autant l'étude des sciences les plus relevées. Il enseigna publiquement dans l'université de Cologne le droit canon et le droit civil, citant, de mémoire, de longs passages qu'il n'avait jamais vus (*quos nunquam vidit*). Ayant été élu docteur de Louvain, le pape lui permit de se faire consacrer prêtre. Il employa le reste de sa vie à la prédication, et mourut à Cologne en 1492. Urithème et Valère ont fait mention de lui dans la *Bibliothèque des écrivains des pays-Bas* (1).

FERDINAND (Charles), natif de Bruges, perdit

---

(1) Trimus visum amisit Nicasius Werdamus in Brabantiâ oriundus, et tamen Camerario et Fulgoso testibus magisterii philosophiæ gradum, theologiæ licentiam, juris utriusque doctoratum obtinuit, atque imperante Friderico III, in Coloniensi universitate canonica et civilia jura professus est. Diu sacrarum rerum concionator extitit, et aliena usus manu in institutiones et super libros sententiarum multa scripsit

la vue dans sa plus tendre jeunesse. Il était musicien, philosophe et orateur. Il professa les belles-lettres à Paris. Le pape Innocent VIII, informé de la régularité de sa vie, lui permit de se faire ordonner diacre, afin qu'il pût satisfaire son goût pour la prédication. Il exerça ce ministère avec beaucoup d'éloquence et de succès. Il mourut, l'an 1496, dans le couvent des bénédictins de Chezal-Benoît, près Bourges. Il a laissé plusieurs ouvrages écrits en latin; mais le plus remarquable est celui intitulé: *De Tranquillitate animi;* Paris 1515. Il est écrit et conçu dans le genre de celui de Boëce.

PONTANUS OU DUPONT (Pierre), grammairien de Bruges, surnommé l'*Aveugle*, parce qu'il perdit la vue à l'âge de trois ans, florissait vers le commencement du seizième siècle. Sa cé-

---

quibus theologales quæstiones atque epistolas eruditas addidit. Obiit Coloniæ, anno 1492.

Trithemius, de scriptoribus ecclesiæ : Nicasius de Voerda, mechliniensis captus à tertio ætatis suæ anno oculis secundùm nostra ætate, Didymum Alexandrinum exhibuit, dum in omni doctrinâ et scientiâ, tàm divinâ quàm humanâ, eruditissimus evasit; nam in gymnasio Coloniensis jura pnblice docuit, libros utriusque juris, quos nunquam vidit, auditu didicit, tenuit mente, apertè recitavit.

cité ne l'empêcha point de faire de bonnes études, et de devenir très-savant. Il enseigna les belles-lettres à Paris, avec grand succès, et publia plusieurs écrits qui augmentèrent sa réputation et sa célébrité ; 1° une *Réthorique ;* 2° *Traité de l'Art de faire des vers*, dans lequel il attaque Despautère. Pontanus était un philosophe sage, religieux, ami de la franchise et de la vérité. Il dit, de lui-même, dans ses ouvrages, qu'il a toujours fait la guerre aux voluptés et recommandé la piété et l'amour de la religion.

MARGUERITE de Ravenne, ainsi nommée du lieu où elle fit sa demeure ordinaire, était née à Russy, petite ville entre Faënza et Ravenne : elle perdit la vue n'étant âgée que de trois mois. Cette fille, qui était née de parens pauvres, acquit tant de connaissances, que dès l'âge de quatorze ans elle était très-recherchée pour sa sagesse et la droiture de son jugement. On la consultait de toutes parts sur des points difficiles de théologie ou de morale, et elle a été souvent l'arbitre dans des discussions de la plus haute importance. Elle dicta à l'abbé de Ferme, chanoine de Saint-Jean-de-Latran, les règlemens de la Congrégation des Clères-Réguliers qui, plus tard, servirent de base à ceux de la compagnie de Jésus. Frédéric II, duc de Mantoue, et le pape Paul III faisait le plus grand cas de cette vertueuse et savante fille qui mourut le 23 janvier 1505. Voy. *Ferrarius*, *catal. des saints d'Italie.*

SCHEGKIUS (Jacques), né à Shorndorf, dans le duché de Wirtemberg, enseigna, pendant treize ans, la philosophie et la médecine avec un grand succès à Tubinge. Devenu aveugle, il fut si peu sensible à la perte de sa vue, qu'il refusa un oculiste qui lui offrit de la lui faire recouvrer, *pour n'être pas*, disait-il, *obligé de voir tant de choses qui lui paraissaient odieuses ou ridicules.* On a de lui plusieurs Traités sur divers points de philosophie, de médecine et de controverse. Il mourut à Tubinge, en 1587 (1).

FERNAND (Jean), né en Belgique d'un père espagnol très-pauvre, était aveugle de naissance;

(1) *Jacobus Schegkius :* Tubingæ professor medicinæ visu penitu anno 1577, privatus integro decennio studia majoris alacritate prosecutus est, et varios tractatus medicos edidit. Cùm etiam quidam ophtalmicus se visum ei restituere velle pollicitus esset, respondit: *Multa se in vita vidisse, quœ maluisset non vidisse: optare etiam, ut ad nonnulla surdus fuisset.*

il surmonta ces deux obstacles si contraires au succès dans les études, et devint poëte, logicien, philosophe et même musicien si excellent que, par le seul effet de sa mémoire, il composait des morceaux qu'on aurait à peine faits en écrivant (1).

PEDIANUS (Asconius), historien qui vécut pendant plusieurs années privé de la vue, écrivit néanmoins avec beaucoup d'élégance des traités de grammaire, où l'on ne retrouve aucune trace ni de son âge, ni de son infirmité. Nous avons de lui de bons commentaires sur quelques harangues de Ciceron (2).

---

(1) Joannes Fernandus, patre hispano in Belgio ortus, teste *Fulgoso et Philippe Camerario*, cæcus à navitate fuit ac inops. His duabus superatis, quæ permultùm obstant doctrinæ; poeta tamen, logicus, philosophus, musicusque tàm excellens evasit, ut solus memoriter quatuor vocum carmen componeret, id quod alii vix scribendo consequi possent. Præterquam quod aliis musicis instrumentis tàm peritè sonos modularetur, ut audentium aures non solùm suavitate maximâ demulceret, sed etiam artificii magnitudine veluti captas detineret.

Zahn, *visûs imminitionis depravationis et cæcitatis exempla mirabilia, pag.* 114.

(2) Asconium Pedianum grammaticum et historicum insi-

On lit dans les annales de la ville de Prague, qu'un aveugle scythe que Charles IV, empereur et roi de Bohême, rencontra près de Nuremberg, avant d'être élu, le reconnut, quoiqu'il fût déguisé, et répondit avec justesse à toutes les questions qu'il lui fit sur la succesion des rois de Bohême et sur l'état dans lequel serait le Royaume à l'avenir. Ce qu'on a dit de ce prince qui avait ruiné sa maison pour acquerir l'empire, et qui ensuite ruina l'empire pour rétablir sa maison, n'est qu'une paraphrase de la dernière réponse de l'aveugle scythe (1).

---

gnem captus esset oculis atque ita plurimos annos vixisset eleganter tamen historias quasdam, magnâ cum diligentiâ et industriâ superatè ætatis atque oculorum impedimento scripsisse narrat *Fulgosus*, *lib.* 8, *cap.* 7.

(1) Claret in annalibus urbis Pragensis mirabile exemplum de cæco vaticinante, quod ita se habet: Carolus IV, antequàm in regem Romanorum eligeretur, propè Norimbergam adiit cæcum quemdam natione Scytham, vaticiniis clarum, quolibet die non nisi ad unam questionem respondentem. Eum personatus salutavit Carolus ajens: *Salve, si ex Deo es; si non es, nulla sit tibi salus.* Ille verò respondit: *Ex Deo sum: tu vicissim salve, Carole, marchio Moraviæ mox futurus Romanorum rex.* Commutatis ultrò citroque verbis, interrogavit illum Carolus de successione regum Bohemiæ.

Schomberg (Uldaric), né en Allemagne vers le commencement du dix-septième siécle, devenu aveugle à l'âge de trois ans par la petite vérole, ne s'en livra pas moins à l'étude des belles lettres qu'il professa avec honneur à Altorf, à Leipsic, à Hambourg, etc. (1).

Torrentius, (Herman) naquit à Swolles dans l'Over-Yssel, vers le milieu du 15 siècle, fut professeur de rhétorique à Groningue et enseigna long-temps les belles lettres dans sa ville natale ; il mourut vers l'an 1520. Il a laissé un grand nombre d'ouvrages écrits en latin, parmi lesquels on remarque un dictionnaire historique et poétique, qui fut réimprimé à Paris, en 1541, et qui a été successivement augmenté dans les éditions suivantes, par Charles Étienne et Fré-

---

Ille, acceptâ chartâ, hasce in eâ descripsit litteras, sive, ut alii volunt, duabus vocibus barbaris expressit : *iais, alguf, ma*, easdemque interpretatus est : Joannem, Carolum, Venceslaum, Sigismundum, Albertum, Ladislaum, Georgium, Uladislaum, Ludovicum, Ferdinandum, Maxilimianum, Albertum (sed ultima littera historiæ, non respondit *Rudulpho* secundo imperat. August. feliciter regnante). Tum Carolus : Quid fiet postea ? Et cæcus : Id quod fuit anteà.

(1) Voyez *Christ. Harkenovks, alt. aud neu Preussen*, 1684, *in-fol.*

deric Morel. C'est ce dictionnaire qui a amené celui de Moreri.

Lomazzo (Jean Paul), né à Milan en 1538, était déjà très-habile dans la peinture et dans les belles lettres, lorsqu'il perdit la vue à l'âge de 17 ans. Il écrivit beaucoup sur la peinture, étant aveugle (il l'a été 43 ans) : son principal ouvrage qui est très estimé, a pour titre : *idea del tempio della pittura*, Milan, 1590, in 4°.

Salinas ou Salines natif de Burgos, perdit la vue à l'âge de 8 ans. Il n'en devint pas moins habile hélléniste et très savant mathématicien. Le pape Paul IV et le duc d'Albe étaient ses protecteurs. Salinas mourut en 1560. On a de lui un traité de la musique en latin, imprimé à Salamanque en 1592 in fol. et une traduction, en vers espagnols, de quelques épigrammes de martial.

Pagan (Blaise François, comte de) naquit à Remies près Marseille, en 1604. Il porta les armes dans sa jeunesse, se trouva au passage des Alpes et aux barricades de Suze. Louis XIII le combla de faveurs. Un coup de mousquet lui avait fait perdre un œil au siége de Montauban, il perdit l'autre en Portugal étant encore fort jeune et venant d'être fait maréchal-de-camp.

Il vint se fixer à Paris, où il se livra avec ardeur à l'étude des mathématiques et se fit un nom parmi les ingénieurs et les astronomes. Son *Traité des Fortifications*, qu'il composa long-tems après avoir perdu la vue, fut imprimé en 1645. Il passa, jusqu'à l'apparition de Vauban, pour le meilleur ouvrage qu'on eût publié jusqu'alors sur cette matière. Il a composé aussi une *Théorie des Planètes*, *des Tables astronomiques* et *une Relation historique de la Rivière des Amazones*, in 8°, qui est très-curieuse et fort rare.

BOURCHENU DE VALBONAIS, né à Grenoble, en 1651, devint aveugle très-jeune, peu de temps après le combat naval de Solbaye, où il s'était trouvé. Cet accident ne l'empêcha pas de publier *l'Histoire du Dauphiné*, 2 vol. in-fol. Il avait fait de profondes recherches sur son pays : on a de lui un nobiliaire du Dauphiné (1).

FAGNANI Prosper était considéré à Rome comme l'oracle de la jurisprudence. On lui doit un long commentaire sur les décrétales, entrepris par ordre du pape Alexandre VII, 3 vol. in f., 1661. Ce qu'il y a de plus extraordinaire, dit

---

(1) Voyez *Feller*, *vol*. 2.

l'historien de sa vie, c'est qu'un homme aveugle ait pu dresser les tables de cet important ouvrage qui sont, elles seules, un véritable chef-d'œuvre.

MALAVAL (François), né à Marseille en 1627, perdit la vue dès l'âge de 9 mois. Après avoir fait d'excellentes études, il s'attacha principalement aux auteurs mystiques, et devint un des plus ardents partisans du quiétisme et du molinisme. Son livre intitulé: *pratique facile* etc. fut censuré à Rome. Son état de cécité favorisa sans doute son erreur; il se rétracta peu après et obtint dans la suite, par l'entremise du cardinal Bona, une dispense pour recevoir quoiqu'aveugle, la cléricature. On a de lui un grand nombre d'ouvrages imprimés à Amsterdam et à Cologne, qui sont aujourd'hui entièrement oubliés. On ne connaît guère que ses *poésies:* encore sont-elles écrites dans un esprit ascétique qui les rend plus agréables aux personnes pieuses qu'aux gens de goût.

COMIERS (Claude), né à Embrun, professa les mathématiques à Paris, et travailla quelque temps au journal des Savans. Il est peu de matières qui ne l'aient occupé. Il a écrit sur la médecine, les mathématiques, la physique, la controverse; il était, sous le rapport de la philosophie et de beaucoup de connaissances, bien supérieur à son siècle, comme on peut le voir dans son discours sur les comètes (voy. *Mercure* de janvier 1681). On estime beaucoup ses trois discours *sur l'Art de prolonger la vie*, espèce de satire contre les rédacteurs de la gazette de Hollande. Ces discours sont curieux et et justement recherchés par un mélange heureux de l'histoire et de la physique. Claude Comiers mourut à Paris, aux Quinze-Vingts de la rue St-Honoré, en 1693.

SAUNDERSON (Nicolas) naquit, en 1682, dans la province d'York. Nommer cet illustre aveugle, c'est presque avoir fait son histoire, tant la renommée a publié, depuis près d'un siècle, ses talens extraordinaires.

Il fit très-bien ses humanités, et fut entraîné, par son goût, vers l'étude des mathématiques, et obligé, par la modicité de sa fortune, à en faire des leçons publiques, qui étaient très-suivies. Il parlait à ses élèves comme s'ils eussent été aveugles, et l'on sent combien, en agissant ainsi, il devait avoir de l'avantage sur eux. Il expliqua les ouvrages de Newton, sur la lumière et les couleurs. Je dirai, plus tard, ce qu'il y a de naturel dans ces démonstrations qui semblent miraculeuses.

Withon ayant abdiqué sa chaire de professeur de mathématiques dans l'université de Cambridge, Saunderson fut nommé pour lui succéder, en 1711. Ce fut à cette époque qu'il mit au jour ses *Élémens d'Algèbre*, ouvrage extraordinaire et rempli de démonstrations singulières, qu'un homme qui voit n'eût peut-être pas rencontrées.

Il imagina une arithmétique palpable et une planchette percée de trous, dans laquelle plaçant des chevilles ou des épingles de diverses grosseurs qui prenaient des valeurs différentes, selon le lieu qu'elles occupaient, il faisait avec facilité les opérations les plus compliquées. On sera bien aise, je pense, de trouver ici les figures de ces planchettes et la description qu'en a donnée M. William Inchlif, le disciple, l'ami et le successeur de Saunderson, dans l'ouvrage qu'il publia à Dublin, en 1747 (1).

(1) The life and caràter of doct. Nicholas Saunderson, late Lucasian professor of the mathematicks in the university of Cambrige; by his disciple and friend William Inchlif.

Sa planchette à calculer est mince et unie, et a un peu plus d'un pied en carré ; elle se trouve enchâssée dans un petit cadre dont les bords s'élèvent tant soit peu au-dessus de la planchette qui contient un grand nombre de lignes parallèles en même nombre, formant des angles droits avec les premières. Les bords de la planchette ont des rainures à la distance d'environ deux pouces l'une de l'autre, et à chaque rainure appartiennent cinq des parallèles dont nous venons de parler; chaque pouce carré se trouve divisé en cent petits carrés. A chaque point d'intersection, la planchette est percée d'un petit trou destiné à recevoir une cheville : car c'est au moyen de ces chevilles qu'il exprimait ses nombres. Il employait deux sortes de chevilles, ou épingles, de différentes grandeurs ; au moins leurs têtes étaient différentes et se distinguaient sans peine par l'attouchement. Il avait, dans deux boîtes, qui étaient toujours devant lui, une grande quantité de ces chevilles, dont les pointes étaient ôtées. Voyons maintenant l'usage qu'il faisait des chevilles et de la planchette.

Pour cet effet, nous observerons d'abord que chaque caractère numérique a, dans la planchette, son carré particulier composé de quatre autres petits carrés contigus décrits ci-dessus, et qui, par cela même, laissant un petit intervalle entre chaque caractère, et ce caractère était différent, selon la différence de grandeur ou de situation d'une ou de deux chevilles dont il était toujours composé. Voici le systême qu'il s'était formé : une grande cheville au centre du carré (et c'était là son unique place) signifie un zéro : c'est pourquoi je la désignerai par ce nom ; sa principale fonction consiste à conserver l'ordre et la distance entre les caractères et les lignes. Ce zéro est toujours présent, excepté le seul cas où il s'agit de démarquer l'unité qui est exprimée par la substitution d'une petite cheville, à la place de la grande qui est au centre.

S'il faut exprimer deux, le zéro doit être remis à sa place et la petite cheville placée précisément au-dessus. Pour exprimer trois, le zéro doit rester où il est, et la petite cheville être fixée à l'angle supérieur vers la droite. Pour exprimer quatre, la petite cheville descend et suit immédiatement le zéro. Pour exprimer cinq, la petite cheville descend jusqu'à l'angle inférieur à droite. Pour exprimer six, la petite cheville doit être au-dessous du zéro. Pour exprimer sept, la place de la petite cheville est l'angle inférieur à gauche. Pour exprimer huit, la petite cheville monte jusqu'au niveau du zéro. Enfin pour exprimer neuf, la petite cheville occupe l'angle supérieur à la gauche.

Par cette invention, les dix caractères numériques pouvaient se connaître sans peine, au moyen du seul attouchement. Mais pour que le lecteur se forme une idée plus distincte de ces caractères, il suffira qu'il jette les yeux sur la figure ci-jointe (*Voy. planche Ire, figures 1 et 2*).

Les grandes chevilles ou zéros, qui étaient toujours aux centres des petits carrés, et le plus souvent à d'égales distances l'une de l'autre, lui servaient de guides pour garder sa ligne, pour fixer les limites de chaque caractère et empêcher toutes les autres méprises qui auraient pu avoir lieu. Comme trois des parallèles perpendiculaires suffisent pour un seul caractère, trois des parallèles horizontales suffisent pour une autre ligne, et ainsi de suite, sans danger de les confondre. De cette manière, il pouvait avoir à-la-fois sur sa planchette quelques lignes de caractères l'un au-dessus de l'autre, et diviser, par conséquent, avec facilité, un nombre d'un autre. Il plaçait et déplaçait d'ailleurs ses chevilles avec une vitesse inconcevable.

TABLES DE SAUNDERSON.
9 4 0 8 4
2 4 1 8 6
4 1 7 9 2
5 4 2 8 4
6 3 9 6 8
7 1 8 8 0
7 8 5 6 8
8 4 3 5 8
8 9 4 6 4
8 1 2
7 9 3
6 5 4
Fig. 1.
0
1
2
3
4
5
6
7
8

Les échantillons de cette arithmétique, réduits à des nombres vulgaires, consistent en des tables arithmétiques, qu'il avait calculées et gardées pour son propre usage. Mais on ne saurait deviner le but qu'il s'était proposé en les calculant. Elles semblent avoir quelques rapports aux tables des sinus naturels, des sécantes et des tangentes, et consistent en quatre pièces de bois solide, ayant la forme de parallépipèdes rectangles et environ onze pouces de longueur sur cinq et demi de largeur, et quelquefois plus d'un demi-pouce d'épaisseur. Les deux faces opposées de chacun de ces parallépipèdes sont partagés en petits carrés précisément comme la planchette décrite ci-dessus, mais n'ont de trous qu'aux endroits nécessaires, les chevilles y étant affermies. Chaque face contient neuf petites tables arithmétiques, chacune de dix nombres, et chaque nombre est composé de cinq caractères (Voyez Arithmétique palpable, pag. 31).

La figure n° 3 est le modèle d'une addition dont les nombres sont représentés au côté droit: la même planche devenait au besoin géométrique, et lui servait à démontrer les propriétés des figures rectilignes. Il plaçait chacune de ses chevilles ou épingles dans les points angulaires, et en les entourant d'un fil de soie, il rendait apparentes toutes les figures qu'il voulait former, comme on le voit sur la figure nº 4. Au moyen de la table dont nous nous servons aujourd'hui à l'Institution et des chiffres qu'on a imaginés, les aveugles calculent de la même manière que les clair-voyans et sans aucune convention arbitraire.

Saunderson avait le tact si perferctionné par l'exercice, qu'en parcourant une suite de médailles il discernait les vraies des fausses. La moindre vicissitude de l'athmosphère était sensible pour lui. Assistant un jour à des observations astronomiques, il remarquait, par l'altération des rayons du soleil sur sa figure, quand un nuage passait entre le disque du soleil et lui. Cela est d'autant plus extraordinaire, qu'il n'était pas seulement privé de la vue, mais même de l'organe.

Il avait quelques bonnes qualités; mais ses mœurs ne répondaient pas à ses talens : on lui reproche même des travers honteux, que l'on n'aime pas à retrouver chez un grand homme. Il mourut à Cambridge, en 1739, âgé de cinquante-six ans.

Sir Henry Moyes, Écossais, qui vivait de nos jours, a professé la philosophie newtonienne avec éclat. Il était très-grand chimiste, excellent mathématicien et bon musicien.

Le docteur Blackloch, d'Edimbourg, aveugle né, est considéré en Angleterre comme un des meilleurs poëtes.

M. Pfeffel, de Colmar, qui perdit la vue étant très-jeune, par suite d'une violente ophthalmie, a composé des poësies très-agréables (1), principalement des fables, dont quelques-unes ont été traduites en français par M. Degérando. Il fut conseiller privé du Margrave de Bade. Il établit à Colmar une école militaire pour les clair-voyans, où les enfans des meilleures familles étaient placés. Le prince de Schwartzemberg et le prince de Eisemburg, qui y ont été élevés, s'honorent d'avoir eu pour maître ce savant aveugle. M. Heilman, aujourd'hui pensionnaire des Quinze-Vingts, avait été également son élève, et ce n'est pas celui qui lui fait le moins d'honneur. M. Pfeffel mourut à Colmar, sa patrie, en 1809.

---

(1) 6 vol. *in*-8°, Colmar, 1791

WEISSEMBOURG, de Manheim, devint aveugle à l'âge de sept ans. Il écrivait parfaitement et lisait avec des caractères qu'il avait imaginés pour lui-même, avant d'en avoir jamais vu. Il était excellent géographe, et composa des cartes et des globes dont il se servait pour étudier la géographie. Il avait imaginé aussi une planche arithmétique qui diffère peu de celle de Saunderson (1).

L'AVEUGLE DU PUIZEAUX est trop connu pour qu'il soit nécessaire d'entrer dans beaucoup de détails à son sujet. Il n'est personne qui n'ait lu la lettre de M. Diderot sur les aveugles, et qui ne sache quel était le savoir de cet homme extraordinaire. Il était fils d'un professeur de philosophie de l'Université de Paris, et il avait suivi, avec assez de succès, les cours de chimie et de botanique, au jardin du Roi. Après avoir dissipé une partie de sa fortune, il se retira au Puiseaux, petite ville du Gatinais, où il établit une distillerie de liqueurs qu'il venait vendre lui-même, chaque année, à Paris. Il mettait de l'originalité dans tout ce qu'il faisait : sa coutume était

(1) *Journal de Paris*, avril 1784.

de dormir pendant le jour et de se lever le soir ; il travaillait toute la nuit, parce qu'il n'était, disait-il, dérangé par personne. Sa femme, à son lever, trouvait tout parfaitement disposé. Il parlait très-sensément des qualités et des défauts de l'organe qui lui manquait, et répondait avec beaucoup de justesse aux questions qu'on lui faisait. Interrogé sur l'idée qu'il se formait d'un miroir : « C'est une machine, ré» pondit-il, qui met les choses en relief loin d'el» les-mêmes, si elles se trouvent placées conve» nablement par rapport à elle. C'est comme ma » main qu'il ne faut pas que je pose à côté d'un » objet pour le sentir. » Il fit à Diderot, qui le visita au Puiseaux, des questions bizarres sur la transparence du verre, sur les couleurs, etc. Il demanda s'il n'y avait que les naturalistes qui vissent avec le microscope, et si les astronomes étaient les seuls qui vissent avec le télescope ; si la machine qui grossit les objets était plus grosse que celle qui les rapetisse ; si celle qui les rapproche était plus courte que celle qui les éloigne. Il croyait que les astronomes avaient les yeux conformés autrement que les autres hommes, et qu'on ne pouvait se livrer à l'étude de telle ou telle science sans avoir des yeux qui eussent des facultés spéciales pour cela. « L'œil, disait-il, est un organe sur lequel l'air doit faire l'effet de mon bâton sur ma » main. (1) »

Il avait la mémoire des sons à un dégré surprenant, et reconnaissait par la voix les personnes qu'il n'avait entendues qu'une seule fois. Il pouvait dire s'il était dans une rue ou dans un cul-de-sac, dans uue grande ou une petite pièce. Il estimait la proximité du feu au degré de la chaleur ; la plénitude des vaisseaux, au bruit que fait en tombant la liqueur qu'on transvase, et le voisinage des corps, à l'action de l'air sur son visage. J'ai connu un aveugle des Quinze-Vingts (Levé) dont l'ouie est si bien exercée, qu'il s'aperçoit, en rentrant chez lui, si on a déplacé quelques meubles de leur lieu ordinaire, dépendu des rideaux, etc.

---

(1) Il avait raison : la lumière touche en réalité l'extrémité extérieure de tous nos nerfs, mais elle n'excite d'ébranlement que sur ceux de la seconde paire cérébrale et sur l'expansion réticulaire qui en provient, laquelle jouit seule de la faculté de percevoir et transmettre au cerveau les rayons lumineux (ou la forme des corps) après qu'ils ont traversé le globe de l'œil, véritable machine d'optique, chargée de refracter convenablement la lumière.

Quelqu'un demandait un jour à l'aveugle du Puiseaux, s'il serait bien content d'avoir des yeux : « Si la curiosité ne me dominait pas, dit-» il, j'aimerais bien autant avoir de longs bras : » il me semble que mes mains m'instruiraient » mieux de ce qui se passe dans la lune que » vos yeux ou vos télescopes ; et puis les yeux » cessent plutôt de voir que les mains de tou-» cher. Il vaudrait donc bien autant qu'on per-» fectionnât en moi l'organe que j'ai, que de « m'accorder celui qui me manque. »

Impatienté un jonr des questions que des curieux lui faisaient : Je m'aperçois bien, Mes-» sieurs, leur dit-il, que vous n'êtes pas aveugles ; » vous êtes surpris de ce que je fais ; et pour-» quoi ne vous étonnez-vous pas aussi de ce » que je parle ? »

Il se servait de caractères en relief, pour apprendre à lire à son fils, qui n'eut jamais d'autre maître que lui.

M. Hubert, de Genève, excellent naturaliste, auteur de la meilleure histoire des abeilles et des fourmis. En lisant la description que ce savant aveugle a faite de ces insectes, on serait porté à croire qu'elle est l'ouvrage d'un clair-voyant très-versé dans cette branche de l'histoire naturelle ; M. Hubert n'a pourtant eu d'autre aide, pour faire ce grand travail, que son domestique, qui lui accusait les couleurs des insectes, dont il percevait ensuite la forme et la grosseur par le toucher, avec la même facilité qu'il les reconnaissait, à leur bourdonnement, lorsqu'elles volaient dans l'air. Ce laborieux écrivain a publié aussi un ouvrage fort estimé sur l'éducation.

Lesueur (François), né à Lyon le 5 août 1766, de parens très-pauvres, perdit la vue à l'âge de six semaines ; il vint à Paris, en 1778, et mendiait à la porte d'une église de cette ville, lorsque M Haüy, lui reconnaissant des dispositions à l'étude, l'accueillit et se chargea de l'instruire ; il lui promit une somme égale à celle qu'il recevait par l'aumône.

Lesueur commença à étudier en octobre 1784. Six mois après il savait déjà lire, composer avec des caractères en relief, imprimer ; et, en moins de deux années, il avait appris la langue française, la géographie, et la musique, qu'il connaissait assez bien, tant il avait d'intelligence et de pénétration ! Cet étonnant jeune homme était pour les aveugles ce que Massieu a été pour les sourds-muets. Il fut successivement répétiteur de ses camarades, chef de l'imprimerie et économe de l'Institution. Il est mort, il y a quelques années, pensionnaire des Quinze-Vingts.

Il nous est pénible de dire que Lesueur s'est montré ingrat envers son bienfaiteur et son maître, auquel il devait tout, et qu'il a mérité, par sa conduite, le reproche d'ingratitude qu'on fait, avec quelque fondement, à presque tous les aveugles.

Avisse, né à Paris, fut un des élèves les plus distingués de l'Institution. Son père, qui tenait un hôtel garni rue Guénégaud, le destina à la marine. Il s'embarqua très-jeune sur un bâtiment qui partait pour la traite des nègres, en qualité de secrétaire du capitaine. Il fut frappé d'un coup de vent sur la côte d'Afrique, et il perdit la vue par une violente inflammation qui en fut la suite.

Ses parens le firent admettre à l'Institution des aveugles, où, en peu d'années, il devint professeur de grammaire et de logique. On a de lui une comédie en un acte et en vers, iutitulée *la Ruse d'Aveugle*, qui fut jouée le 2 nivose an 5; une scène aussi en vers, ayant pour titre : *l'Atelier des Aveugles-travailleurs*, et plusieurs autres pièces imprimées en 1 vol. in-12, seconde édit., 1803. Il mourut à peine âgé de trente-un ans, au moment où il donnait les plus grandes espérances, regretté de sa famille et de ses amis.

Si nous n'avions craint de blesser la modestie de plusieurs aveugles vivans, nous nous serions fait un plaisir de citer M. le chevalier de Pougens, qui termine, en ce moment, un grand ouvrage commencé à Rome, en 1777, qui renferme les recherches les plus curieuses et les plus intéressantes sur la langue française M. Berard, savant aveugle, auteur de plusieurs ouvrages de mathématiques, qui est aujourd'hui professeur de physique au collège royal de Briançon ; M. Isaac Rocques, de Montauban, sujet d'autant plus surprenant, qu'il s'est formé lui-même ; et beaucoup d'autres, la plûpart élèves de cette maison.

CHAPITRE II.

Des Aveugles qui se sont distingués dans la pratique des Arts.

Le nombre des aveugles qui se sont distingués dans les arts est presqu'aussi considérable que celui des aveugles qui ont excellé dans l'étude des sciences. Il n'est pas moins surprenant de voir ces infortunés, privés d'un sens si nécessaire à l'exercice des arts, réussir parfaitement dans diverses professions mécaniques, et rivaliser, jusqu'à un certain point, avec les clair-voyans, en promptitude et en dextérité. Si l'on en excepte la peinture et l'application des couleurs, il est peu de choses qu'ils ne puissent faire, soit isolément, soit réunis, surtout lorsqu'ils sont dirigés par des clair-voyans instruits et intelligens.

Il serait donc bien à désirer qu'on parvînt à détruire la répugnance qu'on a à se servir des aveugles, et qu'on les employât aux divers travaux dans lesquels ils réussissent. Ce serait à-la-fois une bonne œuvre et un moyen de perfectionnement pour eux, qui tournerait à l'avantage de ceux qui les occuperaient.

Nous allons faire connaître succinctement, comme nous l'avons fait dans le chapitre qui précède, les aveugles les plus distingués dans les arts, et compléter ainsi la biographie des aveugles célèbres.

STENGEL (Laurent) raconte, qu'un 1602, un jeune ébéniste d'Ingolstad, qui polissait un tube de bronze, l'approcha imprudemment d'un lieu où il y avait de la poudre qui s'enflamma et dont l'explosion lui fit perdre la vue. Il fut transféré dans un hôpital où se trouvaient des infirmes et des vieillards. Il se plaça dans un lieu écarté, afin de travailler plus à son aise : il entoura son lit de rayons, et l'orna de peintures avec beaucoup d'adresse. Il fit ensuite, sans autre secours qu'un couteau grossier, deux moulins à poivre pourvus de roues, d'axes, de denticules, et enfin de tout ce qui est nécessaire à la mouture. L'un de ces moulins fut trouvé si exact et si régulier qu'on le jugea digne d'être placé dans la galerie des objets rares et curieux à Munich, où on le voit encore aujourd'hui (1).

---

(1) *Laurentius Stengelius, lib. de Monstris, caput* 16,

DYGBY dit des choses extraordinaires d'un précepteur de son fils, qui était si complètement aveugle qu'il n'apercevait point la lueur du soleil. Il surpassait en habileté les plus forts joueurs d'échecs, et connaissait presque tous les autres jeux : à de longues distances, il lançait des traits sans s'éloigner du but qu'on lui avait fixé. Il allait, sans guide, non-seulement dans la maison, mais même à l'extérieur et dans les promenades. Il se plaçait à table et mangeait avec une telle dextérité qu'il était impossible de s'apercevoir qu'il fût aveugle. Lorsqu'il

---

§ 10, memorat anno 1612 Ingolstadii in Bavariâ, juvenem quemdam arcularium dùm fistulam æneam expoliret, et pulverem nitratum incantiùs tractaret, illo incenso, utrumque oculum miserando casu perdidisset, cæcumque factum in hospitalem domum fuisse receptum. Ibi cùm in mediâ senum et vetularum turbâ secretus habitaret, lectum sibi et exiguum justà locum tabulis affabrè circummunivisse et picturis affixis exornasse. Duo déindè minutiora molendina (quæ piperi molendo idonea forent) cum scalis, rotis, radiis, dentibus et axibus cumque omnibus denique rebus perfectissimo molendino necessariis cultro exsculpsisse adeò exactè et adamussim, ut unum illorum dignum fuerit habitum quod Monachium ad res principes, raras et artificiosas in pinachotecam transferretur.

entendait parler quelqu'un, pour la première fois, il jugeait, sans se tromper, de la stature et de la forme du corps. Il s'apercevait, quand ses élèves récitaient en sa présence, dans quelle situation ils se tenaient, et il distinguait aisément les jours sombres des jours sereins (1).

Nous avons déjà fait remarquer, en parlant de Saunderson, que les aveugles (ceux même chez lesquels l'organe n'existe plus) discernent

---

(1) Omnem penè fidem superare videtur quod Kenelmus Dygbæus narrat de cæco filiorum suorum pedagogo, *Tract. de nat. corpor.*, *cap.* 28. Erat ille oculis usque adeò captus, ut ne solis quidem claritate moveretur. Chartis tamen pictis vel latrunculis tàm peritè ludebat, ut à paucis vinceretur, in illo etiam ludi genere, in quo rotundæ argenti, alteriusve metalli laminæ suprà mensam pelluntur, missiles globulos dextrè ad metam torquebat. In oblongis deindè cubilis, xistisque directè semper obambulabat, tam liberè etiam et confidentèr ubivis in domo incedebat, mensæque accumbens tam aptè se componebat, ut nullus oculorum defectus à nescientibus animadverti posset. De hospitis jàm primò adventantis statim ac cum eo collocutus fuerat, staturâ totiusque corporis habitu absque errore judicabat: imò in discipulis cum declamarent coram illo, gestus omnes, et situm corporum perfecte dignoscere, ut et nubilum diem à sereno discernere potuit.

la clarté des ténèbres, un beau jour d'été d'un jour sombre d'hiver. Ceux qui ont conservé le globe de l'œil, mais qui ne voient point, les *amaurotiques*, par exemple, appellent cela un *point de vue*. Ils s'estiment fort heureux de cette prérogative, très-enviée par leurs compagnons d'infortune, quoiqu'elle ne leur soit d'aucune utilité. A quoi peut tenir ce phénomène extraordinaire, que nous observons, chaque jour, dans cette maison? Il est difficile de le dire; car nous sommes loin de penser que les aveugles voient par la peau, comme l'a avancé un philosophe de nos jours, qui n'était pas, sans doute, physiologiste.

Un Boucher de Boulogne, dont Aldovrandus a conservé l'histoire, estimait, par le tact, quelle était la pesanteur du bétail qu'il devait tuer. Il connaissait les poids et les monnaies; il montait parfaitement à cheval, allait dans les marchés, et remplissait, sans qu'il lui soit jamais survenu aucun accident, tous les devoirs de sa profession (1).

---

(1) *Aldovrandus, in Hist. monst. tradit* Lanium cæcum *Bononiæ* solo tactu belluas mactandas, quanti essent ponderis æstimasse, libellas stateræ numerâsse, monetas novisse,

M. de Piles (1) a vu en Italie un aveugle, né à Cambassy, en Toscane, âgé d'environ cinquante ans, rempli d'esprit et d'intelligence, très-bon dessinateur. Il le rencontra dans le palais Justinien, modelant en cire une statue de Minerve. Cet aveugle saisissait, avec précision, par le toucher, la forme et les proportions des origiginaux.

Gambasius, de Volterre, perdit la vue à l'âge de vingt ans, et demeura dix années dans cet état, ignorant jusqu'aux élémens de la sculpture (2). Il lui vint, tout-à-coup, le désir d'essayer

---

equitasse, aliaque multa ad munus lanii spectantia feliciter obiisse.

(1) De Piles, Cours de peinture, pag. 260. 1766.

(2) Les avis sont très partagés sur cet illustre aveugle. Ce qu'en dit Aldovrandus, dans la note latine que j'ai rapportée, semblerait en faire un homme différent de celui dont parle M. de Piles dans son cours de peinture. J'ai fait quelques recherches pour tâcher de concilier les opinions : il s'appelait Jean *Gonnelli*, ses contemporains le surnommaient l'aveugle de Cambassi, du nom d'un petit village près Volterre en Toscane, où il était né. C'est par erreur qu'on a dit (ce que j'ai été obligé de répéter en traduisant le texte) qu'il était devenu aveugle à 20 ans, sans avoir eu aucunes notions de sculpture. Il était élève de Pierre Tacca,

de faire une statue ; et de suite, ayant touché, dans tous les sens, une statue de marbre qui représentait Cosme de Médicis, il en fit une en argile, si ressemblante qu'elle étonna tous ceux qui la virent. Son talent de Statuaire se développa tellement que le prince Ferdinand, grand-duc de Toscane, l'envoya à Rome pour modeler la statue du pape Urbain VIII, qui fut aussi très-ressemblante. Il en fit ensuite beaucoup d'autres avec un égal succès (1).

---

qui lui-même avait été disciple de Jean de Bologne. On ne sait point comment il perdit la vue, mais cet accident ne l'empêcha point de continuer à exercer la sculpture, dans laquelle il fit de très-grands progrès, après avoir cessé de voir.

(1) Joannes Gambasius Voltarrenus, insignis statuarius, teste *Aldovrando in Hist. monst.*, circà annum ætatis vigesimum, utroque oculo captus est. Cùm per decennium in hâc arte nihil operatus esset, subiit tandem eum cogitatio ingenii in arte statuariâ aliquid experiendi, et contrectatâ diligenter manibus statuâ marmoreâ quæ *Cosmum*, Etruriæ magnum ducem, referebat, aliam ex argillâ adeo similem expressit, ut omnes rei novitate stupidos reddiderit. Quare, jussu *Fernandi*, magni Etruriæ ducis, *Florentiâ Romam* petiit, et expressam *Urbani VIII*, Pont. max., ex argillâ effigiem quàm simillimam eidem obtulit. Deindè multas etiam alias nonnullorum formas effinxit.

Le duc de Braciane, témoin de ses travaux, doutait cependant qu'il fût complétement aveugle; et, pour s'en assurer, il lui fit faire son portrait dans une cave obscure : il fut parfaitement ressemblant. Sur ce qu'on lui objecta que la barbe du duc aidait à le faire reconnaître, il offrit de faire le portrait de l'une de ses demoiselles, qui fut aussi très-ressemblant.

J'ai vu, dit M. de Piles, sortis des mains de cet illustre aveugle, les portraits du feu roi d'Angleterre, Charles I, celui de M. Hesselin, tous deux parfaitement exécutés.

Il éprouvait quelque difficulté à représenter les cheveux, parce qu'ils sont mobiles, et que tout l'art de cet aveugle était dans le dessin.

Nous avons vu, de nos jours, M. Buret, l'un des plus habiles sculpteurs de l'Académie, devenu aveugle, à l'âge de vingt-cinq ans, par suite de la petite-vérole, ne pas cesser, pour cela, de travailler, comme le faisait l'aveugle de Cambassy.

Un organiste hollandais, devenu aveugle très-jeune, n'en devint que plus habile dans sa profession. Il acquit, de plus, l'habitude de distinguer, au toucher, les différentes espèces de monnaie, et même les couleurs (1) : celles des cartes à jouer n'avaient pas échappé à la finesse de ses doigts, et il devint par là un joueur redoutable, car, en maniant les cartes, il connais-

(1) Je dirai plus tard comment les aveugles reconnaissent quelques couleurs ; mais ce n'est point par le tact. Boyle a eu grand tort de dire d'un homme de Maëstricht, sur un témoignage peu authentique, qu'il distinguait les couleurs à l'aide du toucher. Il ne faut pas ajouter plus de foi à ce qui a été rapporté dernièrement dans les journaux anglais d'une femme de Liverpool, nommée Marguerite Méevoy qui, étant aveugle, *voit* parfaitement avec l'extrémité de ses doigts non point, dit le rédacteur de l'article, par le tact, ému par l'aspérité des surfaces, mais d'une vision réelle qui s'étend aux objets éloignés qu'elle ne peut toucher, vision qui lui fait distinguer les couleurs, etc. Les partisans de l'unité des sens se sont toujours avidemment emparés de toutes les aberrations, de toutes les négations qu'ils ont pu rencontrer pour étayer d'une apparence de vérité leurs faux systèmes. C'est ainsi qu'il y a quelques années le docteur Pételin, de Lyon, avait réuni un grand nombre de femmes (car ce sont toujours des femmes qui sont l'objet de ces bizarres observations) qu'il appellait des *criseuses*, dont les unes dégustaient par le creux de l'estomach, d'autres appréciaient les odeurs par les coudes, etc. Plus un fait s'éloigne du cercle des faits ordinaires, plus on est en droit de demander des preuves, à une époque surtout où les sciences physiques et physiologiques

sait celles qu'il donnait aux autres comme celles qu'il gardait pour lui (1).

CHATELAIN (Martin), né aveugle à Warwick, au commencement du dix-septième siècle, faisait, au tour, des ouvrages parfaits, tels que des violes, des flûtes, etc. On lui demandait un jour ce qu'il désirait le plus de voir : *les couleurs*, répondit-il, *parce que je connais presque tout le reste au toucher.* N'aimeriez-vous pas mieux voir le ciel, lui répliqua-t-on? — Non, dit-il, j'aimerais mieux le toucher (2).

---

ont fait de tels progrès que tous les phénomènes vitaux peuvent être facilement expliqués. Les aveugles ne reconnaissent point la couleur, mais seulement, l'effet que la matière colorante produit sur les corps.

On ne pourra jamais les mener au-delà de quelques idées de similitude et d'analogie quand il s'agira de ce qui a trait à la vision et aux couleurs; à peine peut-on, par le moyen du discours, leur inspirer le désir d'un avantage dont ils ne se forment aucune idée : ils souhaiteraient bien plus tôt d'avoir un bras ou des doigts de plus que des yeux.

(1) Lecat, Traité des sens, pag. 11.

(2) Cette réponse qui est presque semblable à celle de l'aveugle du Puyseaux, quoique faite plus de cent ans auparavant et dans des pays bien éloignés, prouve que les aveugles sont fort indifférens pour une chose dont ils ne peu-

Potter (François). Son goût pour la peinture et la mécanique allait jusqu'à la passion. Il présenta à la société royale de Londres le modèle d'une machine hydraulique, qui lui valut l'honneur d'être admis au nombre des membres de cette société savante. On a imprimé plusieurs fois, en Angleterre et en Hollande, son *Explication du nombre* 666 *de la bête de l'Apocalypse*, chap. 13. Il mourut aveugle à Kilmanton, en Angleterre, en 1678.

Anastassi (Joseph-Pierre-Charles), natif de de Rome, peintre d'histoire, un des collaborateurs de la grande collection des tableaux, bas-reliefs et statues du Musée, dirigée par feu M. Visconti, qui en a fait le texte, devint aveugle à l'âge de trente deux ans, par suite d'une hémiplégié. Il se livra à l'étude de la mécanique; et, par le moyen du toucher, il a fait en relief des

---

vent se former aucune idée, et cela doit être ainsi, puisqu'ils ne peuvent avoir du sens de la vue que des notions vagues et de simples analogies. Chéselden avait fait cette remarque, qu'ont eu occasion de faire depuis beaucoup de praticiens célèbres, et de nos jours MM. Richerand, Venzel, Demours et moi-même plusieurs fois à l'institution.

modèles de fortifications aussi réguliers que ceux du dépôt de la guerre aux Invalides. Il a présenté à la société d'encouragement pour l'industrie nationale, et à la société royale académique des sciences, deux modèles de bains à vapeurs secs et humides, remplis d'idées neuves. Ces bains ont été reconnus supérieurs à tous ceux qui avaient été proposés jusqu'à présent. Il en a été exécuté d'après ces modèles dans l'hôpital Saint-Louis et dans d'autres établissemens publics de Paris. Anastassi est pensionnaire des Quinze-vingts.

Chauvet, aveugle-né, a été, pendant plusieurs années, organiste de Notre-Dame-de-Bonne-Nouvelle à Paris. Son mérite le faisait rechercher par les amateurs de la bonne musique.

Mademoiselle Paradis, de Vienne en Autriche, qui perdit la vue âgée de deux ans, par suite d'une apoplexie, fit, en 1784, à Paris, les délices du concert spirituel. Cette virtuose, qui avait un grand talent pour la composition, avait trouvé un moyen d'écrire elle-même ce qu'elle composait, en figurant les accords. Elle avait commencé d'abord à les tracer sur des cartes piquées avec des aiguilles; mais ce premier essai, reconnu infructueux, lui suggéra l'idée d'un autre procédé, que nous regrettons d'autant plus de ne pas connaître, qu'il était infaillible, et d'une facile exécution.

Carulhi, organiste de la collégiale de Nantes, aveugle-né, était très célèbre musicien ; il notait rapidement la mnsique, au moyen d'un cylindre avec des clous d'épingle à tête de différentes grandeurs, placés comme ils le sont sur les cylindres des vielles de Barbarie; il pouvait imprimer lui-même sa musique. Son procédé nous a été communiqué et décrit par M. le chevalier de Vaudey, l'un de ses élèves le plus distingué. Carulhi mourut à Nantes, en 1789, au moment où il allait faire paraître un traité de composition.

Un aveugle de Givet, très-célèbre compositeur, fut le premier maître de musique de Méhul. En peu d'années, cet aveugle développa le beau génie dont nous déplorerons long-temps la perte, et mit son jeune élève, à peine âgé de douze ans, en état d'être organiste en titre de l'abbaye de la Valle - Dieu, après l'avoir été pendant deux années du couvent des récollets de Givet. Le sensible auteur de Stratonice ne parlait jamais qu'avec attendrissement de son bon maître aveugle. (*Journal général de France*, 19 octobre 1817.)

On conserve, dans le Musée de Copenhague, parmi les objets de curiosité qui s'y trouvent, des médailles frappées par des aveugles, et un superbe buffet d'ivoire et d'ébène fait par un artiste norwégien, qui était aveugle.

Tout le monde se rappelle encore avoir vu, quelques années avant la révolution, dans le passage des Feuillants, à Paris, un pauvre aveugle, qui était sculpteur en bois. Il faisait très-bien et très-promptement, avec du bois de sapin amolli dans l'eau, des figures d'hommes et d'animaux dans le genre de celles qui nous sont apportées de la Suisse ou de l'Allemagne. Mais ses ouvrages de prédilection étaient de petits troncs de toute espèce, dont sa cabane était ornée. Ces invitations muettes à la générosité publique lui étaient utiles, sans doute; car cette cabane était sans cesse entourée, et de fréquentes offrandes tombaient des mains des curieux dans les petits troncs, dont la destination n'était équivoque pour personne.

On trouve, en très-grand nombre, en Italie, des aveugles qui offrent aux voyageurs de jolis paniers qu'ils font avec de la paille de riz, et des chapelets dont les grains sont formés de noyaux de cerises très-agréablement ouvrés. Il y a de ces sortes d'aveugles dans presque toutes les villes; les *Cicerone*, chargés de conduire les étrangers, ne manquent jamais de leur faire faire une visite *al cieco* du lieu.

J'ai vu à Paris un atelier de couture où des filles aveugles, dirigées par une maîtresse clair-voyante, faisaient des robes et d'autres ouvrages en linge. On trouve dans les *Éphémérides des Curieux de la Nature*, l'histoire étonnante d'un aveugle de Wirtzbourg, en Franconie, qui enfilait parfaitement une aiguille, et celle d'un autre aveugle d'Halberstadt, nommé Lineman, qui entr'autres amusemens, s'était pareillement exercé à enfiler une aiguille avec beaucoup de dextérité (1).

---

(1) *Halberstadii* cæcum quemdam fuisse *Joannem Lineman* dictum, qui peritus tam organis musiciis ritè utendi, quàm conficiendi, et quod præterea admiratione non caret, fila foramini acûs curiosè non secus, ac si cerneret inserere

novit refertur. *Ephem. germ. cur. dec.* , *secundo anno* , *I. obs.* 71.

Talem etiam novi cæcum *Herbipoli* fuisse, sed jàm defunctum, qui inter alia ludicra fila quoque acui peritè valuit inserere.

TROISIÈME PARTIE.

DE L'INSTRUCTION DES AVEUGLES.

PREMIÈRE SECTION.

CHAPITRE PREMIER.

Origine de l'Institution.

CE fut une bien belle pensée que celle de ce saint Roi, qui, au retour d'une guerre qu'il avait cru devoir entreprendre pour la gloire de la religion, institua (1) un asyle pour trois cents chevaliers qui avaient perdu la vue en Égypte. Cette maison, due à la piété de Louis IX, a résisté au vandalisme révolutionnaire, et subsiste encore aujourd'hui sous la dénomina-

(1) En 1260. Les Quinze-Vingts étaient alors rue Saint-Honoré, en face de la rue de Richelieu. En 1780, le cardinal de Rohan, alors grand-aumonier, les fit transporter dans l'ancien hôtel des Mousquetaires-Noirs, rue de Charenton, au faubourg Saint-Antoine, où ils sont aujoud'hui.

tion d'*Hôpital Royal des Quinze-Vingts :* trois cents pauvres aveugles, de tout âge, successeurs des trois cents chevaliers, y sont entretenus et hébergés, aux frais de l'État.

La création de l'Institution des jeunes Aveugles, par Louis XVI, dans des circonstances très-difficiles, excite peut-être encore plus d'admiration que celle des Quinze-Vingts. Louis XVI ne devait rien aux jeunes aveugles; Saint-Louis était lié par la reconnaissance envers ceux qui, ayant abandonné leur patrie pour le suivre jusqu'en Asie, avaient partagé ses revers et sa mauvaise fortune.

Le cœur généreux de Louis XVI, en compatissant au sort des jeunes aveugles, n'eut d'autre motif que d'arracher à la misère et à la contagion du vice des infortunés auxquels on ne pouvait reprocher que le malheur de leur naissance. Sa belle âme souffrait de voir une portion assez considérable de ses sujets exposés au besoin, et forcés, pour prolonger une pénible existence, d'implorer la pitié publique : il crut pouvoir améliorer leur état en les faisant instruire..... et l'Institution fut créée.

Pénétrés de reconnaissance pour ce bienfait, nous n'avons rien négligé pour remplir les vœux du fondateur. On verra, par l'exposé qui suit des études et des travaux des jeunes aveugles, par les accroissemens et les améliorations qui ont été faits, tant par nos prédécesseurs que par nous, si nous avons fait tout ce qui dépendait de nous pour rendre l'Etablissement qui nous est confié digne de sa royale origine.

Si nous n'avions déjà, dans diverses parties de cet ouvrage, parlé avec assez de détails de la manière d'instruire les aveugles, nous aurions fait précéder cette troisième partie d'un chapitre spécial sur le mode d'enseignement à suivre; mais ce mode n'étant que l'application des procédés que nous allons décrire, nous avons préféré réserver pour chacun des chapitres qui suivent, les observations que la pratique de cet enseignement nous a mis à portée de faire, afin qu'il y ait plus d'ensemble et de précision dans les détails.

L'ordre et la distribution des chapitres sont indiqués dans le tableau suivant, qui est conforme à la progression que nous observons dans les études et les travaux.

PREMIÈRE SECTION.

Instruction.

CHAP. Ier. Des caractères en relief et de la lecture.
II. De l'impression des livres en relief.
III. Des livres à l'usage des aveugles.
IV. De l'écriture.
V. De la géographie.
VI. Des langues.
VII. Des mathématiques.
VIII. De la musique vocale et instrumentale.
IX. Des moyens de communication entre les aveugles et les sourds-muets.

DEUXIÈME SECTION.

Travaux manuels communs aux deux sexes.

CHAP. X. Des travaux manuels en général.
XI. Du tricot.
XII. De la filature.
XIII. Des bourses.
XIV. Du filet et de la sangle.

CHAP. XV. Des chaussons de lisière de drap. } Sparterie.
XVI. Des tapis de lisière.
XVII. Des chaussons à peluche de laine.
XVIII. Des fouets en boyau.

Travaux manuels particuliers aux garçons.

CHAP. XIX. De la tisseranderie.
XX. De l'empaillage des chaises.
XXI. De la corderie.
XXII. De la vannerie.
XXIII. Des paillassons en paille, jonc et peluche d'Espagne.
XXIV. Du brochage des livres.
XXV. De quelques jeux particuliers aux aveugles.
XXVI. Conclusion.

On a renoncé à quelques autres professions qu'on avait essayé de donner aux aveugles, telles que l'art de modeler en plâtre et en cire, la reliûre et le cartonnage des livres, la fabrication du drap, la menuiserie, etc., soit parce que ces professions étaient trop difficiles à apprendre, ou parce qu'elles ne leur auraient pas été fort utiles.

CHAPITRE II.

Des Caractères en relief et de la Lecture.

Tous ceux qui ont voulu instruire des aveugles, et qui l'ont fait avec succès, se sont pénétrés de cette vérité, qu'il faut rendre sensibles, par le toucher, les objets qu'on veut leur faire connaître, et dont les clair-voyans perçoivent la forme par la vue. Dès-lors toutes les tentatives ont eu pour but de leur donner la connaissance des lettres dont nous nous servons nous-mêmes, ou de composer, à leur usage, des figures arbitraires auxquelles on attribuerait une valeur de convention ; car ce n'est que bien postérieurement qu'on imagina de leur apprendre notre alphabet.

Les premiers signes n'étaient autre chose que l'alphabet Illyrien ou esclavon modifié, qui commence, comme la plupart des alphabets anciens, par les lettres, *a*, *b*, *g*, *d*, *e*, *z*, etc., dont on attribue l'invention à St-Jérôme, parce qu'il s'en était servi pour la traduction de la *Vulgate*. On avait sans doute préféré cet alphabet à tous les autres, à cause de la forme carrée des lettres, qu'on avait crues plus propres que les nôtres à être reconnues par le tact. Je regrette de ne pouvoir donner ici la figure de ces caractères singuliers, qu'on abandonna bientôt, parce qu'ils ne présentaient pas plus d'avantages que les caractères vulgaires (1).

On fit ensuite des lettres mobiles sur de petites tablettes en bois mince, d'environ dix-huit lignes de haut, sur six de large. On les plaçait dans une planche à coulisse, où on les faisait glisser, les unes à côté des autres, de la même manière qu'on l'a pratiqué depuis pour les petites figures de la lecture par écho. Ce procédé, très-défectueux pour enseigner des aveugles, est assez bon pour faciliter à ceux-ci les moyens d'apprendre à lire à des clair-voyans.

C'est avec de semblables lettres qu'Usher, archevêque d'Armagh, qui mourut à Camber-

---

(1) On peut voir la figure de ces lettres dans l'excellent *Mauuel Typographique* de M. Fournier, vol. II, pag. 226 n° 68, édit. 1766.

well, vers la fin du dix-septième siècle, fut enseigné par ses deux tantes, qui étaient aveugles (1).

Dès le seizième siècle, on avait gravé des lettres en bois pour instruire les aveugles; mais au lieu de les rendre saillantes, on les avait faites en creux : les doigts ne palpaient point le pourtour des lettres, comme cela a lieu pour le relief; ils plongeaient dans le creux, et l'aveugle percevait, quoique plus difficilement, la forme des lettres. Lorsqu'on imprimait sur ces planches, les lettres demeuraient blanches, et tout le reste venait en noir (2).

Rampazzetto avait publié, en 1575, des exemples de lettres gravées en bois, qu'il dédia à Saint-Charles Borromée; mais ces planches, qui n'étaient pas préférables à celles de François Lucas, offraient le même inconvénient, celui de la cohésion des lettres, et par conséquent la nécessité de graver autant de planches que de

---

(1) *Biographia Britannica, or the lives of the most eminent persons.* London, 1773.

(2) *Arte de Escrivir de Francesco Lucas*, dédié à Philippe II, roi d'Espagne. Madrid, in-4°, 1580.

pages, comme on le fait aujourd'hui pour les impressions stéréotypes (1).

En 1640, un maître écrivain de Paris, nommé Pierre Moreau, fit fondre des caractères mobiles en plomb, à l'usage des aveugles; mais rebuté par les difficultés qu'il rencontra, ou ne voulant point faire l'avance des frais que nécessitait cette entreprise, il y renonça, et s'attacha seulement à faire des poinçons et des matrices de caractères nouveaux, dans le goût de l'écriture; découverte qui lui a fait un nom dans la typographie.

D'autres personnes avaient essayé de donner aux aveugles l'idée des lettres, en les figurant sur de larges pelottes, avec des aiguilles renversées. L'aveugle retirait de cette méthode un double avantage, puisqu'il apprenait la forme des lettres, et qu'il exerçait ses doigts à parcourir, d'un toucher léger, l'extrémité de ces pointes : c'est par ce procédé ingénieux que mademoiselle Paradis avait appris à lire.

On a fait aussi des lettres mobiles en bois, ressemblant à celles dont les imprimeurs se ser-

---

(1) *Essemplare di più sorti di lettere di M. Gio Francesco Cresci, Milanese, scrittore in Venetia*, in-4°, 1575.

vent pour les placards ; mais toutes ces lettres isolées avaient l'inconvénient de ne pouvoir être réunies en grand nombre, et ne servaient, tout au plus, qu'à donner aux aveugles la connaissance de l'alphabet.

De même qu'on crie très-fort pour se faire entendre des sourds, on croit qu'il est nécessaire de présenter aux aveugles des objets d'une très-grande dimension, afin qu'ils soient plus facilement aperçus ; c'est là ce qui a donné naissance aux grandes lettres dont j'ai déjà parlé. On ne réfléchit pas assez que l'aveugle, qui ne peut avoir des objets qu'il touche que des idées successives, doit nécessairement, de prime-abord, porter des jugemens différens sur des choses qui, quoique identiques pour la forme, diffèrent en volume. Il faut qu'il fasse un travail secondaire pour rapprocher ses premières idées, et qu'il juge enfin de nouveau, par comparaison, après avoir parcouru toute la série des idées intermédiaires. Ne faisons-nous pas la même chose, lorsque nous voyons un dessin en miniature ? Nous ne le reconnaissons pas toujours sur le champ, et nous ne le reconnaîtrions même pas du tout, si la réduction était portée trop loin : *parce que la cessation d'une couleur est, pour l'œil, ce que la cessation de la résistance est pour le toucher* (1).

L'aveugle du Puiseaux se servait de lettres de bois, à queue, qu'il réunissait les unes avec les autres, au moyen d'une broche de métal qui traversait chaque queue, comme les serruriers réunissent les lettres en fer dont on se sert pour estamper les tonneaux.

Cette forme de lettres et le moyen imaginé pour les unir étaient déjà une grande perfection ; mais il restait toujours à rechercher, pour remplacer l'écriture, la possibilité de rendre ces lettres tellement indépendantes les unes des autres, qu'elles pussent être enlevées séparément, et remplacées par d'autres, au besoin.

Les premiers caractères furent fondus par un potier d'étain, qui ne les obtint que très-imparfaits, car il n'avait ni poinçons ni matrices : il les coula dans du sable. Plus tard on essaya d'en fabriquer à l'instar de ceux de l'imprimerie. Au lieu de poinçons, on se servit pour cela de caractères ordinaires dont on frappait l'empreinte dans du plomb qui la recevait facilement, parce

(1) *Des Signes et de l'Art de Penser*, vol. III.

que ce métal est beaucoup plus mou que la composition avec laquelle on fait les caractères. On coulait ensuite dans ces espèces de matrices une matière composée de parties égales de plomb et de bismuth ; les lettres venaient à gauche par ce procédé qu'on appelle en typographie *clicher*, et dont on se sert fréquemment pour polytiper les vignettes, faire même des médaillons en pâtes etc. Mais l'alliage du plomb avec le bismuth, qui est fusible à une légère chaleur, faisait que ces caractères étaient très promptement usés par le frottement. Enfin en 1783, la Société Philantropique fit graver des poinçons en acier et frapper des matrices avec lesquelles on fondit des caractères chez les dames Fournier. M. Rouillé de l'Étang, alors trésorier de cette Société, en paya le prix.

Sans tomber entièrement dans l'erreur de ceux qui avaient voulu donner autrefois aux aveugles la connaissance de nos caractères, les fondeurs qui coulèrent, il y a quarante ans, les premières lettres en plomb, les firent beaucoup plus grandes qu'il ne convenait (six lignes de hauteur environ), toujours dans la persuasion qu'elles seraient plus facilement reconnues que celles de deux lignes, par exemple, dont nous nous servons aujourd'hui. L'expérience a prouvé depuis que ce n'est point la grandeur, mais la perfection de la forme des lettres qui aide les aveugles à les distinguer, puisqu'ils reconnaissent parfaitenent le plus petit des caractères d'imprimerie (*la nompareille*). On sait que lorsque leurs doigts deviennent insuffisans, ils approchent de la pointe de leur langue les objets qu'ils veulent reconnaître, et qu'alors ils ne se trompent pas.

Ces premiers caractères reconnus d'une trop grande dimension, on fit graver de nouveaux poinçons, et on coula dans la fonderie du sieur Vaflard une police ou assortiment de caractères, semblables, à peu de chose près, à ceux dont nous nous servons aujourd'hui.

Pour donner une idée de ces caractères, qui se lisent de gauche à droite comme l'écriture ordinaire, tandis que les carctères d'imprimerie se lisent, sur la forme, de droite à gauche, nous avons fait graver sur bois, en les plaçant dans le sens convenable à l'impression, les vingt-cinq lettres qui composent l'alphabet des aveugles.

a b c d e f g h j i k l m n
o p q r s t u v x y z &

CAPITALES.

A B C D E F G H J
I K L M N O P Q R
S T U V W X Y Z.

En adoptant cette forme de lettres, qui s'éloigne beaucoup de la forme ordinaire, on n'a eu égard, ni à l'usage, ni à la régularité ; on s'est attaché seulement à les rendre faciles à reconnaître par l'attouchement, pensant que, quelque différence qu'il y ait entre ces lettres et les lettres ordinaires, cet alphabet était néanmoins beaucoup plus couvenable que ceux qu'on avait faits, jusqu'à ce jour, et dont les lettres étaient ou étrangères, ou ne se rattachaient à rien, comme celles dont j'ai parlé plus haut.

Nous avons fait des changemens considérables dans les nouveaux poinçons que l'Administration vient de faire graver chez le sieur Lyons, graveur et fondeur en caractères, et nous avons consulté, pour cela, les plus anciens élèves aveugles, et combiné leurs observations avec les nôtres, afin de rendre cette réforme la plus utile possible.

L'*e* est aujourd'hui plus largement bouclé que dans les fontes précédentes ; aussi les aveugles ne le confondent plus avec le *c* et l'*o*.

Les deux jambages de l'*u* ont été un peu plus écartés; cette lettre ne se confondra plus avec l'*a*. La partie supérieure du *k* a été allongée, l'angle externe se trouve plus ouvert. A l'aide de cette correction, il ne ressemblera plus à l'*h*, etc. En général, les lettres sont plus fouillées et leur dimension en largeur a été un peu augmentée, ce qui a détruit les équivoques qui existaient, et leur a donné, en même temps, plus de grâce et de solidité.

Le métal de la première fonte était trop mou ; aussi les caractères qni en provinrent furent de suite arrondis. Il y a eu dans la matière de la dernière fonte une beaucoup plus grande quantité de régule (1) que dans la première. La proportion ordinaire est de quinze à dix-huit livres d'antimoine sur un quintal de plomb, pour les caractères à impression. Cette proportion varie, selon le calibre du caractère : elle augmente pour les caractères très-fins, et diminue pour ceux qui le sont moins. Les nôtres, sujets à de fortes pressions, doivent être composés d'une partie de régule contre trois parties de plomb, afin de mieux résister aux frottemens.

---

(1) L'antimoine (*) est un métal blanc très-brillant, formé de lames facilement oxidables : on le trouve à l'état de sulfure dans différentes contrées de la France. Pour l'obtenir dans son état métallique pur, on fait le départ du sulfure, afin d'en séparer les scories ; on fait dégager ensuite, par le feu, une partie du soufre restant, et l'on a, après l'opération, un oxide gris d'antimoine sulfuré. On mélange 8 parties de cet oxide avec 6 parties de tartre et 3 parties de nitrate de potasse ; on fond le tout dans un creuset, et le culot qui en provient est *le régule d'antimoine*. C'est l'antimoine réduit à cet état, qu'on combine avec le plomb, pour l'usage de l'imprimerie.

(*) On l'appelle ainsi parce que Basile VALENTIN, supérieur d'une Communauté de moines, en avait donné pour remède à ses confrères, qui périrent tous, comme il le rapporte lui-même dans son traité sur l'antimoine, intitulé : *Currus triumphalis stibii*.

d
d
d
d
d
d
d
dieu
c
c
b
a
Fig. 1.
Fig. 5.
Fig. 2.
Dubois del. et Sc.

Nos caractères ne diffèrent pas seulement des caractères d'imprimerie parce que la lettre est tournée dans un autre sens, et n'est pas propre à imprimer en noir ; mais encore parce que la queue (*Voyez planche* 2, *fig.* 1.) est beaucoup plus forte qu'elle ne l'est ordinairement pour supporter une lettre de ce corps (petit Canon), et parce que la lettre repose sur une partie transversale (*figure* 2.) égalant en étendue les deux tiers de la longueur de la queue. Cette partie transversale a pour objet d'arrêter les lettres qu'on place sur la planche à composition, que je décrirai plus tard.

Dans l'origine, les lettres, semblables, pour la partie, inférieure aux lettres ordinaires, n'avaient point de chevron transversal ; et n'étant point maintenues sur la planche, elles reposaient seulement sur le fond ; ce qui empêchait de transporter les planches d'un lieu à un autre, comme on peut le faire aujourd'hui. Le chevron a un autre avantage, celui d'offrir un appui à l'extrémité des doigts, et d'offrir, par le contraste d'une surface plane avec une surface élevée, le moyen de reconnaître le relief.

Les lettres sont placées dans une casse (*Voy. fig.* 3.) ou longue caisse, partagée en divers petits carrés, en tout semblable à la casse des imprimeurs. Chaque petit carré, qu'on appelle cassetin, renferme une sorte de lettre. Les cassetins sont plus ou moins grands, selon que les lettres qui s'y trouvent sont d'un usage plus ou moins fréquent. La casse est partagée en deux parties égales : l'inférieure (*Voy. fig. a*), qu'on appelle bas de casse, renferme les minuscules; la supérieure (*Voy. fig. b*) ou haut de casse, qui est amovible comme le bas, renferme les lettres capitales, les signes algébriques, les parenthèses, les lettres accentuées, etc.

Cette casse est ordinairement placée sur des trétaux (*Voy. fig.* 3.), et penchée d'avant en arrière, en formant un angle d'environ quarante-cinq degrés, afin que le compositeur ait la facilité de porter sa main dans les cassetins les plus éloignés du haut de casse, sans être obligé de faire de grands mouvemens, et aussi pour que les lettres ne glissent point d'un cassetin dans un autre.

Après avoir été prises dans les cassetins, les lettres sont rangées immédiatement sur la planche à composition (*Fig.* 4.); tandis que dans la typographie, le compositeur range ses lettres dans une réglette en fer (le composteur) qu'on allonge ou qu'on raccourcit, selon l'étendue que la ligne doit avoir, ce qu'on appelle *justifier*.

Il y a sur la tige de nos caractères, comme sur celle des caractères à impression, un cran (*Voy.*) *fig.* 5.) qui sert à indiquer la partie supérieure de la lettre : l'aveugle, en ôtant la lettre du cassetin, au lieu de la toucher pour reconnaître la position du cran, traîne la tige sur la cloison inférieure du cassetin : si elle n'est pas accrochée, il comprend que le cran se trouve en haut et que la lettre est dans la situation où il doit la placer sur la planche ; si, au contraire, il sent que le cran l'arrête, il retourne la lettre entre ses doigts, pendant le trajet qu'il parcourt en la portant de la casse à la planchette. Les compositeurs clair-voyans font ce que nous venons d'expliquer sur le bord de leur composteur.

L'aveugle ne se trompe, en prenant les lettres dans la casse, que lorsqu'il est tombé des lettres d'un cassetin dans un autre. La faute qui en résulte, que les clair-voyans commettent également, s'appelle *coquille* ; elle consiste dans la subsitution d'une lettre pour une autre, ce que tout le monde peut remarquer, même dans les éditions les plus soignées.

Exercés à ce genre de composition, les aveugles acquièrent assez de vîtesse pour transcrire, en un quart-d'heure, sur la planche, dix à douze lignes d'un volume in-8° ordinaire. Ce procédé, qui servit originairement à leur apprendre à lire, a été employé depuis à leur apprendre les langues et toutes les parties de leur éducation.

La planche à composition dont nous nous servons aujourd'hui (*Voyez fig.* 4.) est bien préférable à tous les moyens imaginés jusqu'à ce jour. Cette planche peut être plus ou moins grande, mais ne doit pas avoir moins d'un pouce d'épaisseur, être en chêne ou en noyer. Elle se compose d'abord d'un cadre ou châssis (*cccc*) large d'environ dix huit lignes, et de réglettes (*dddd*) séparées entr'elles par un intervalle égal à l'épaisseur de la queue des caractères, afin qu'ils puissent y entrer aisément et y être placés comme le mot *Dieu* qui sert d'exemple. Le nombre et la largeur de ces réglettes horizontales est proportionné à la dimension de la planche, qui doit être garnie dans les angles et par-dessous d'équerres en fer vissé, qui s'opposent à la dislocation et à l'écartement du châssis qui supporte tout le poids du caractère.

Quant au replacement du caractère dans la casse, on y procède comme pour les caractères ordinaires : l'aveugle prend, entre le pouce et l'index de sa main droite, un ou plusieurs mots à-la-fois, et, portant sa main au-dessus de chaque cassetin respectif, il y laisse tomber la lettre, qu'il y avait prise pour composer; cela s'appelle *distribuer*.

On exerce les jeunes enfans qui arrivent à l'Institution à reconnaître les lettres; mais on ne commence point l'alphabet comme on le fait pour les clair-voyans, pour l'*a*, le *b*, le *c*, etc.; ce serait créer gratuitement des difficultés. On débute, dans cette étude, par leur faire toucher le *point*, puis la *virgule*, en leur faisant sentir la différence qu'il y a entre le *point* et le *point* avec une *queue* au-dessous, ce qui en fait une *virgule ;* ensuite les *deux-points*, le *point d'exclamation*, les *parenthèses*. On a toujours soin, dans cette étude, de comparer un signe avec un autre, et de faire toucher, de temps en temps, un *quadrat* (1), afin de rendre plus

---

(1) C'est ainsi qu'on appelle une tige, ou queue de métal, au-dessus de laquelle il n'y a point de lettre, et qui, par conséquent, demeurant au-dessous du niveau des autres

sensible la forme des signes. On passe ensuite à l'étude des lettres ; on commence par l'*O* des capitales, et immédiatement après on voit l'*o* de bas de casse, avec toute la série des lettres que nous appelons *simples*, *l*, *b*, *i*, *j*, *d*, etc., et comparant, chaque fois que cela est nécessaire, une lettre à l'autre, afin d'exercer le toucher. On évitera que l'aveugle lise avec les ongles, qu'il ne presse pas trop les lettres, afin qu'il ne durcisse pas la peau de ses doigts, dont la pulpe doit être molle et sensible, pour bien sentir en l'engageant dans les creux, la forme du relief.

Les lettres isolément connues, on lui apprend à les distinguer en voyelles et en consonnes, puis à former des syllabes, des mots, et enfin des phrases. Les devoirs se font ensuite avec ces caractères, comme les clair-voyans les font avec l'écriture.

---

lettres, ne laisse sur le papier ni foulage ni couleur. Il y a des quadrats de différentes largeurs ; on les appelle alors, selon leur épaisseur, *quadratins* et *espaces*. Les *quadrats* servent à faire les blancs.

CHAPITRE II.

De l'Imprimerie à l'usage des Aveugles.

Lorsqu'on eut trouvé le moyen d'apprendre à lire aux aveugles, par la composition d'un caractère particulier, on crut possible de pouvoir imprimer des livres à leur usage, avec ce même caractère ; mais jusqu'au moment où le premier essai de ce nouveau genre d'impression parut, on s'était refusé à croire qu'elle fût praticable.

Ce qui donna à l'inventeur l'idée d'imprimer en relief, ce fut la vue d'une feuille de papier sortant de la presse, et qui, fortement foulée, présentait au revers les lettres en relief, mais dans un ordre contraire.

Nos lettres à impression sont semblables à celles que nous avons décrites dans le chapitre précédent, avec cette différence qu'au lieu d'être montées sur un chevron transversal, elles reposent sur une tige également large dans toutes ses parties, comme les lettres d'imprimerie, desquelles elles ne diffèrent que parce qu'elles portent beaucoup plus de blanc, et qu'il n'est pas nécessaire d'interposer des espaces pour les séparer.

Les lettres sont placées, sur la forme, de gauche à droite, et l'imposition des pages est, par conséquent, l'inverse de l'imposition habituelle. Dans l'impression en noir, les lignes se lisent de droite à gauche, parce que le papier étant ôté de dessus la forme, après avoir reçu l'empreinte, se trouve renversé et propre à être lu de gauche à droite.

On se servit d'abord, pour imprimer en relief, d'une presse en bois semblable à celles qu'on emploie pour exprimer l'huile, presser le drap, etc.; mais pour peu que la planche fût grande, la tablette qui devait exercer la pression sur le papier n'était pas également serrée par la vis, et les bords se trouvaient avoir moins de foulage que le milieu : on sentit bien vîte l'insuffisance de ce procédé. Comme on était loin de penser alors que les presses ordinaires pussent servir à imprimer les livres des aveugles, on tâcha d'imaginer un autre moyen d'y parvenir. C'est ce qui donna naissance à la presse à cylindre, que fit en 1784 M. Beaucher, serrurier-machiniste. Cette presse, qui ressemblait beaucoup à celle des imprimeurs en taille-douce, avait, de plus, deux bandes de fer, entre lesquelles on plaçait les formes. Un levier faisait mouvoir le cylindre, qui, en roulant sur la planche, exerçait une pression successive et produisait un mauvais foulage, parce que le papier était déplacé par la rotation du cylindre.

M. de Kempellen, auteur de l'automate-joueur d'échecs, avait fait autrefois une presse pour Mlle Paradis, avec laquelle elle avait imprimé en relief des caractères allemands ; mais cette presse, et la manière de s'en servir, ne nous ont jamais été connues.

On continuait à faire des essais infructueux pour trouver un moyen d'imprimer en relief, lorsque M. Clousier, imprimeur du Roi, auquel l'établissement a de très-grandes obligations, sentit qu'une pression perpendiculaire, donnée à toute la feuille à-la-fois, serait préférable à des pressions successives; il fit servir ses presses à l'impression du relief, et il réussit parfaitement.

On construisit ensuite une presse avec un fort barreau et un marbre en cuivre jaune très-épais pouvant supporter les plus fortes pressions.

Le mécanisme de l'impression en relief diffère, en beaucoup de choses, de celui de l'impression en noir: dans le relief, la lettre, pressée de haut en bas, s'incruste dans le papier en le repoussant en sens contraire. Pour éviter les déchiremens, on emploie le papier le plus fort et le mieux collé ; c'est ordinairement le grand-raisin qu'on préfère à tout autre (1). On le fait tremper plusieurs jours : il doit être presque réduit à l'état de bouillie lorsqu'on le met

(1) On emploie, depuis quelques années, dans l'imprimerie, une espèce de papier dit *papier mécanique*, qui paraît assez fort au toucher, mais qui n'a cependant aucun corps, parce qu'on se sert, dans les fabriques, pour former les feuilles, d'un épanchoir qui répand continuellement la pâte sur une toile tendue entre deux cylindres et mise en mouvement par une mécanique qui ne peut pas donner les secousses nécessaires pour l'écoulement de l'eau, comme le fait l'ouvrier qui puise la pâte dans la cuve et qui peut, selon qu'il trouve la feuille plus ou moins épaisse, ajouter de la matière ou en ôter par de légers ébranlemens donnés au chassis avant de le placer sur l'égoutoir ; toutes choses qui ne peuvent point être faites par une machine, comme j'ai eu occasion de le vérifier dans les papeteries à mécaniques des départemens de l'Eure et du Calvados. Aussi lorsqu'on déchire ce papier, on n'aperçoit point, dans la cassure, les espèces de fila-

Pl. 3. Pag. 254

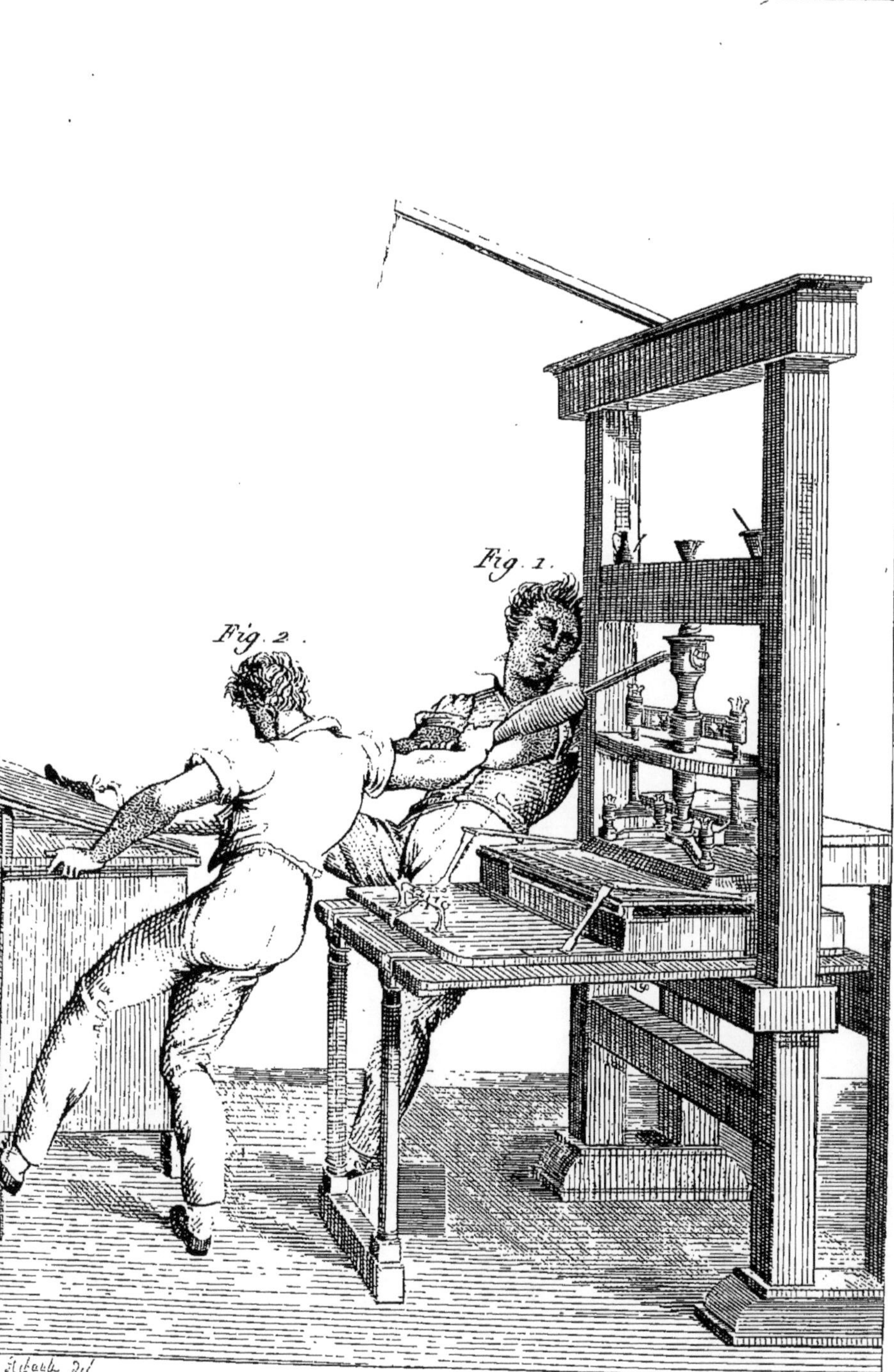

sur la forme : on a grand soin de recouvrir ce papier de plusieurs molletons épais. Un homme tire le barreau de la presse vers sa poitrine (*Voyez planche* 3, *fig.* 1re), tandis qu'un autre homme, à force de bras, le repousse fortement dans le même sens (*fig.* 2). On n'exerce pas de suite une grande pression, qui, pour me servir de l'expression reçue paami les ouvriers, *étonnerait* le papier. On commence par une pression légère, pour laquelle il suffit de faire parcourir au barreau un quart de cercle ou environ : on la répète, en l'augmentant; et enfin, après un repos d'un instant, on amène le barreau le plus loin possible, et l'on demeure sur le coup quatre à cinq minutes, afin de laisser au lainage le temps de plonger dans tous les creux, et pour que le papier se dessèche par la

---

mens ou denticules qu'on remarque dans ceux faits selon les anciennes méthodes. Ce papier qui, d'ailleurs, prend très-mal la colle, se rompt avec facilité : c'est ce qui vient de nous arriver pour l'impression d'une *Grammaire anglaise*; lorsqu'on donnait de trop forts coups de barreau, le caractère traversait les feuilles, qui éclataient de toutes parts. On doit se servir du grand-raisin double bien collé ou du carré de grande dimension, dit *carré des Vosges*, qui est beaucoup moins cher.

pression du caractère, et ne s'applatisse pas après avoir été arraché de dessus la forme, à laquelle il adhère toujours assez fortement, quoiqu'on ait pris la précaution d'enduire, de temps en temps, les lettres avec du savon sec pour empêcher l'agglutination.

Il est facile de concevoir, d'après l'exposé ci-dessus, qu'il est impossible de faire de retiration lorsqu'on veut conserver le relief. Si l'on imprimait le *verso* des feuillets, la première impression serait presqu'entièrement détruite par le second foulage.

Lorsqu'on veut tirer en noir et en relief, à-la-fois, on ajoute un tympan enduit d'encre (car il n'y a point de frisquette quand on imprime en blanc), et en le laissant tomber légèrement sur la feuille, qui se trouve alors pressée entre la forme et le tympan, les lettres paraissent noires.

Les aveugles, qui impriment tous les livres à leur usage, impriment aussi à la manière des clair-voyans. La profession d'imprimeur est même une de celles pour lesquelles ils montrent le plus de disposition. Dès l'année 1786, MM. Vin-

(1) *Rapport de l'Académie*, pag. 15.

cent, Clousier et Saillant avaient certifié les avoir vus *composer*, *justifier les lignes et les pages*, *imposer*, *toucher les formes*, *marger*, *servir la presse*, *distribuer les caractères*, *etc.* (1). Les aveugles avaient beaucoup acquis, depuis cette époque, jusqu'en 1812, où leur imprimerie fut supprimée par l'ordre du directeur général de l'imprimerie et de la librairie. Ces infortunés ont perdu, par suite de cette mesure rigoureuse, le moyen d'apprendre un état qui, mieux qu'aucun autre, les mettait à même de gagner facilement leur vie. Néanmoins, pour donner la preuve que la profession d'imprimeur convient beaucoup aux aveugles, nous continuons à faire imprimer, par eux-mêmes, devant le public, les jours d'exercice, le programme de la séance ; mais pour n'être point en contravention aux réglemens sur l'imprimerie, qui défendent à toute personne autre que les imprimeurs d'avoir des caractères, nous les envoyons composer la planche chez un imprimeur du dehors, et on la rapporte immédiatement après l'exercice.

CHAPITRE III.

Des Livres à l'usage des Aveugles.

Nous aurions voulu pouvoir parler des livres dans le deuxième chapitre, immédiatement après avoir traité de la lecture ; mais comme beaucoup de choses relatives à la composition de ces livres tenaient aux détails de l'imprimerie, nous avons été forcés d'intervertir l'ordre naturel de classification que nous avions adopté.

Aussitôt que les feuilles sont ôtées de dessus la presse, on les étend isolément sur des cordons pour les faire sécher, en évitant que le foulage ne se détruise par le froissement.

On réunit ensuite les feuilles les unes avec les autres, en les collant par la marge seulement : on tâche de faire rencontrer les lignes du *verso* avec celles du *recto ;* enfin, en brochant ces feuilles ensemble, on en fait des volumes qu'on recouvre de carton épais.

On a changé, plusieurs fois, la manière de faire ce collage: on avait cru, dans l'origine, qu'en interposant, entre les deux feuillets, une matière compacte capable de résister à la pression des doigts, le relief en serait plus durable; et c'est dans cette intention que, dans les premiers livres, l'agglutination fut faite avec de la colle épaissie par de la vermoulure de bois dont on remplissait les creux; mais la colle, dont l'humidité ne pouvait s'évaporer, ne séchait point et bosselait le papier en le ramollissant. On a reconnu depuis que l'air enveloppé entre chaque feuille suffisait pour empêcher l'affaissement du relief,.

On a vu, par ce que nous avons dit jusqu'à présent, qu'il avait été fait bien des essais pour apprendre à lire aux aveugles, mais que tous ces pénibles efforts s'étaient réduits à leur apprendre à connaître l'alphabet. Vers le milieu du siècle dernier, un savant étranger avait cru avoir trouvé le moyen de faire des livres en relief. Voici en quoi consistait son procédé: on écrivait sur de fort papier, avec une liqueur visqueuse et mordante; on saupoudrait cette écriture avec de la raclure de laine très-fine, comme on le pratique pour faire le velouté des tapisseries; mais les lettres faites ainsi étaient lourdes; les parties déliées ne ressortissaient pas, et le frottement les avait bientôt détruites.

En 1783, MM. Adet et Hassenfratz essayèrent infructueusement de composer, pour les aveugles, une encre épaisse qui, après la dessiccation, aurait conservé le relief. Cette tentative a été renouvelée depuis par M. Robertson, également sans succès.

La découverte de l'impression des livres en relief est une des plus importantes pour l'instruction des aveugles. C'est à l'aide de ces livres, qui n'ont d'autre inconvénient que d'être volumineux, qu'on leur apprend les élémens des langues, et qu'on perpétue dans leur esprit les beaux traits d'histoire et de morale qu'on leur a fait connaître; car ils savent beaucoup mieux ce qu'ils ont lu que ce qu'ils ont entendu : aussi augmentons-nous, autant que nos facultés nous le permettent, la bibliothèque des aveugles des ouvrages que nous croyons propres à les instruire. Ils ont déjà deux cathéchismes, l'office du matin et du soir, une grammaire française, une grammaire latine, une grammaire grecque, une grammaire anglaise, une grammaire italienne qu'on imprime actuellement. On se refuserait à croire avec quelle rapidité ils lisent sur ces livres, si on n'en était témoin aux exercices publics.

On avait cherché à diminuer la grosseur des volumes, en faisant des abréviations qui consistaient principalement dans la suppression des *m*, des *n*, des *u*, des doubles lettres, etc. ; mais comme pour indiquer l'abréviation il fallait un signe sur la lettre précédente, cela augmentait singulièrement l'embarras du lecteur : on y a renoncé

On verra par l'exemple ci-après comment ces abréviations se faisaient.

Un bō père doṇe to̱jo̱rs à ses ēfās la no̱ṛiture et le désir du biē ē to̱t.

Lorsque l'*o* devait être suivi d'un *n*, on plaçait la barre au-dessus. Pour indiquer l'enlèvement d'une double lettre, on plaçait un point au-dessous de celle qui restait. L'*u* après l'*o* était remplacé par une barre sous cette dernière lettre, etc.

A l'aide des livres en relief, les aveugles enseignent à lire à de jeunes clair-voyans, qui, plus tard, leur sont utiles en qualité de lecteurs. Ils commencent par leur faire connaître les lettres, au moyen des fiches dont nous avons parlé à la page 135. Ces lettres, qui sont en carton découpé et collé sur la fiche, sont sensibles pour l'aveugle qui peut les toucher et pour le clair-voyant qui les voit. Quand les vingt-six lettres de l'alphabet sont connues au clair-voyant, l'aveugle, ayant dans ses mains un syllabaire en relief, semblable à un exemplaire en noir qui est sous les yeux du jeune enfant, il le fait épeler ; et c'est ainsi, qu'en très-peu de temps, les lecteurs de nos aveugles ont appris à lire et à chercher, avec vîtesse, dans les dictionnaires.

CHAPITRE IV.

De l'Écriture.

Comme tous les hommes préfèrent aux choses qu'ils peuvent facilement se procurer, celles dont la possession est plus difficile, de même les aveugles, qui ne peuvent écrire qu'en surmontant des obstacles sans nombre, attachent un grand prix à le faire. Dans les regrets qu'ils expriment sur les privations que leur impose leur triste situation, ils mettent au premier rang celle de ne pouvoir écrire. C'est peut-être pour les consoler qu'on avait essayé, depuis si longtemps, de leur apprendre à tracer des caractères, et de les mettre à même de correspondre, sans avoir besoin de recourir à l'entremise d'un tiers.

Trouver la possibilité de faire écrire un aveugle semble un tour de force incroyable; cependant cette étude repose actuellement sur des principes si sûrs, qu'elle est devenue, nous ne dirons pas facile, mais praticable; et l'on s'en assure dans nos exercices publics, où les élèves écrivent les phrases qu'on leur dicte.

Avant de décrire le procédé que nous employons aujourd'hui pour l'écriture, nous allons parcourir rapidement la série des essais faits jusqu'à ce jour pour en faciliter l'étude aux aveugles.

Dans les recherches que nous avons faites sur l'instruction des aveugles en général, nous n'avons rien trouvé au-delà de la fin du dix-septième siècle, qui indiquât qu'ils eussent écrit. Saunderson lui-même, qui vivait à cette époque, ne savait pas écrire. Jacques Bernouilli étant à Genève en 1676, enseigna à écrire à mademoiselle Elisabeth Waldkirch, qui avait perdu la vue, deux mois après sa naissance; mais il n'a point fait connaître le moyen dont il s'était servi.

Le docteur Burnet, évêque de Salisbury, a parlé avec beaucoup de détails, dans son *Voyage en Suisse*, de mademoiselle Walkier, de Schaffouse, dont les yeux furent brûlés, à l'âge d'un an. Elle avait une mémoire prodigieuse, parlait cinq langues, avait retenu par cœur tous les *Psaumes de David* et le *Nouveau Testament*. Elle avait appris, par goût, la théologie et la philosophie; elle jouait très-bien du violon et était bonne musicienne. A toutes ces qualités précieuses, elle joignait beaucoup de piété et une grande résignation à supporter son malheur. Cette jeune personne avait appris à écrire, au moyen de caractères taillés en creux dans du bois, qu'elle avait d'abord parcourus avec une pointe en fer; elle avait ensuite fait usage du crayon, et enfin, lorsque M. Burnet passa à Schaffouse, en octobre 1685, il la vit écrire très-vîte et très-correctement (1).

Vers la fin du siècle dernier, on voulut appliquer à l'écriture des aveugles l'encre dont nous avons parlé dans le chapitre précédent, pour la composition des livres. Cette encre, qui devait se figer de suite sur le papier, se figeait bien plus vîte encore dans la plume; ce moyen était tellement défectueux qu'on y renonça presqu'aussitôt après l'avoir essayé.

Découragés par la difficulté qu'ils éprouvèrent à faire écrire les aveugles, les premiers qui les enseignèrent crurent qu'ils devaient renoncer à l'usage du crayon, pour se servir simplement d'un alphabet en cuivre, dont

---

(1) *Voyage en Suisse et en Italie*, par le docteur BURNET, évêque de Salisbury, vol. Ier, pag. 218, lettre 2, Rotterdam, 1718.

les lettres mobiles étaient touchées avec des balles garnies d'une encre faite avec de la gomme. Ces caractères, appliqués sur le papier, y laissaient l'empreinte des lettres ; mais l'aveugle, qui ne pouvait point suivre avec l'index de la main gauche les lettres qu'il traçait avec sa main droite, imprimait souvent ces lettres les unes sur les autres, sans s'en apercevoir, et d'autres fois il les plaçait à de très-grandes distances ; quelquefois aussi, n'ayant point pris assez d'encre, les lettres n'étaient point apparentes. Ce procédé, quoique très-insuffisant, aurait été susceptible peut-être de quelques améliorations; mais lorsqu'on eut trouvé d'autres moyens plus faciles et plus sûrs, on cessa d'employer celui-là.

Dans le principe de l'Institution, on se servit d'une planche en bois (*Voyez pl. 4, fig. 1*), qu'on abandonna plus tard, pour une autre qui a été modifiée depuis. Cette première planche a dix pouces de large sur seize de haut; les bords sont plus élevés que le centre d'environ trois lignes. Ces bords sont creusés de vingt-quatre rainures, ayant trois lignes de profondeur; ce qui en met le fond au niveau de la partie centrale. A la partie externe de chacune

Fig. 2.

Fig. 3.

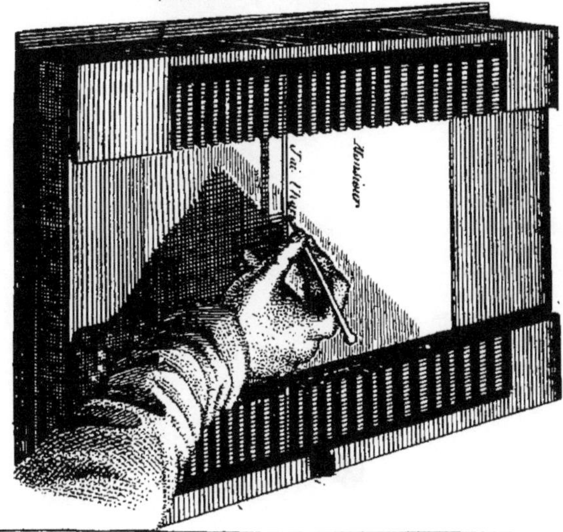

Fig. 1.

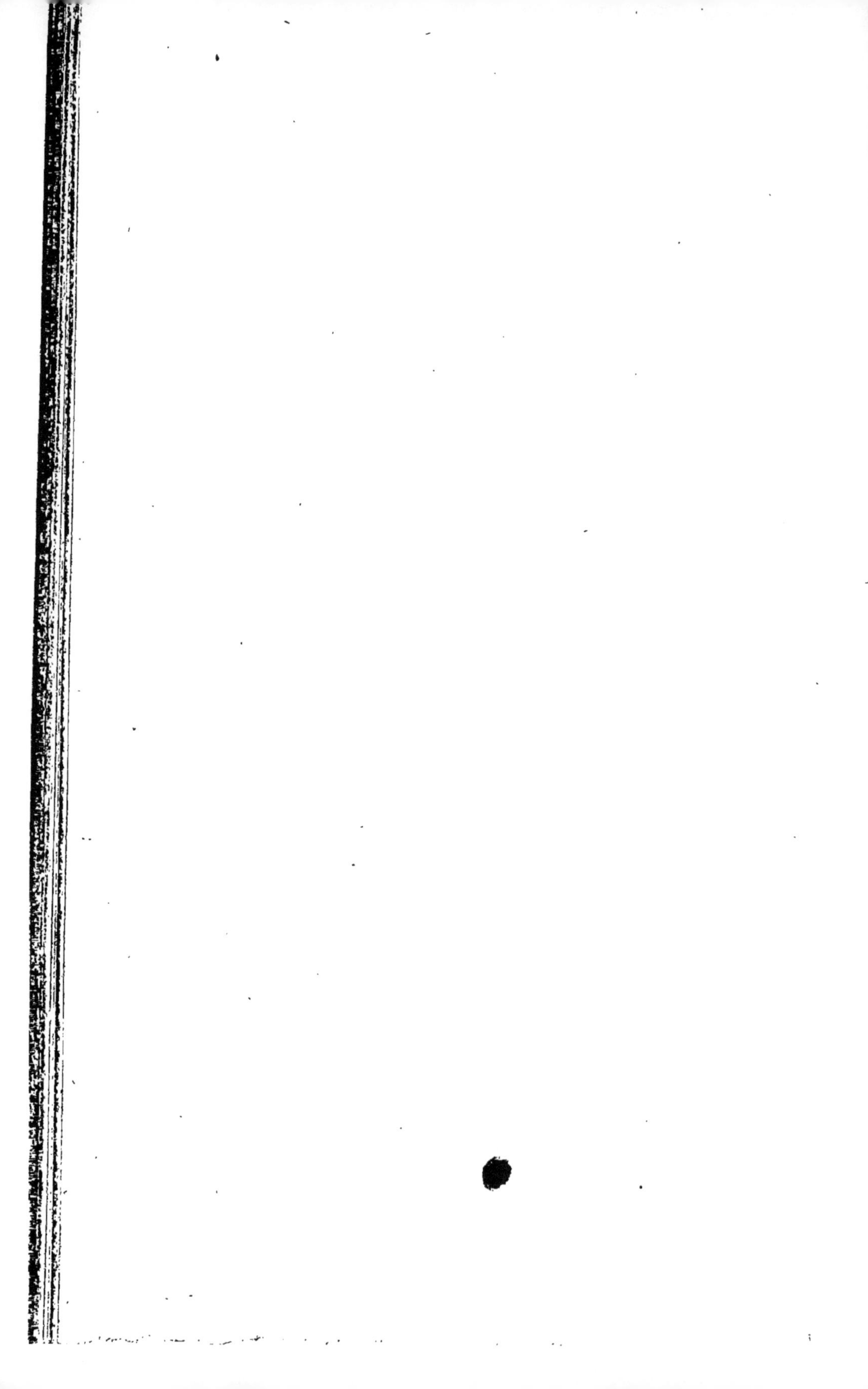

de ces rainures, il y a un trou qui traverse la planche dans toute son épaisseur ; à la partie interne et inférieure, il y a une coulisse de trois lignes d'étendue de dedans en dehors, et d'environ une ligne de hauteur. C'est dans cette coulisse, qui s'étend d'une extrémité de la planche à l'autre, qu'on introduit, en le faisant glisser, le papier sur lequel on doit écrire. On place ensuite transversalement dans les trous parallèles une petite tringle en fil de fer, dont les deux extrémités sont coudées carrément comme celles des tringles à rideaux, et l'aveugle écrit en suivant la tringle, sur laquelle il traîne son doigt du milieu. Cette planche joignait à beaucoup d'autres inconvéniens qu'il est inutile d'énumérer, puisqu'on ne s'en sert plus, celui de présenter une très-grande difficulté pour le placement de la tringle, que l'aveugle posait souvent diagonalement sur son papier, surtout lorsque la planche avait une grande dimension en largeur, ou que les rainures latérales étaient usées.

La seconde planche que M. Haüy imagina, est d'une autre forme que la précédente (*Voyez figure* 2); elle est, à peu-près, de la même grandeur, et consiste en une planche double en épaisseur, dont le fond est fixe. Au dessus est une ouverture parallélogramme dans laquelle est un châssis ouvrant à charnières sur le côté latéral gauche, et maintenu fermé sur le côté droit par deux petits verroux en cuivre. Ce châssis est garni de plusieurs tringles mobiles en fer. Au-dessous des deux grands panneaux montans de ce châssis, il y a de chaque côté un large ressort d'acier s'étendant d'une extrémité à l'autre, fixé par un bout avec deux vis anglaises, et de l'autre arrêté seulement, à volonté, par un verrou tournant, semblable à ceux qui ferment le châssis. C'est entre ces ressorts et la partie inférieure des côtés du châssis qu'on place le papier, qui demeure inamovible sous les tringles : telle était la seeonde planche. Celle qui a été faite depuis diffère de de celle-ci en ce qu'au lieu d'un fond en bois, il y a une ouverture égale à celle du châssis qui, garnie d'un taffetas épais, donne à l'aveugle la facilité de lire ce qu'il a écrit, soit au style, soit au crayon, parce que la pression est toujours assez forte pour laisser la trace des lettres sur le taffetas. Ce perfectionnement, et quelques autres améliorations de détail qu'il serait difficile de décrire, nous avaient déterminés à adopter cette planche qui a été composée par M. Heilman, aveugle (1), lequel a aussi imaginé un porte-feuille portatif à l'usage des aveugles, au moyen duquel ils peuvent écrire et lire de suite ce qu'ils ont écrit, avec la plus grande facilité.

Méthode à suivre pour enseigner l'écriture aux Aveugles.

A quelques différences près, les principes de l'écriture des aveugles sont les mêmes que ceux des clair-voyans. On commence par exercer ces derniers à faire des barres; nous commencons aussi par donner aux aveugles une idée des lettres élémentaires. Ils ont, pour cette étude, un très-grand avantage sur les clair-voyans, puisque sachant déjà lire, ils connaissent, en partie, la forme et la direction des lettres d'écriture.

Attitude du corps.

Il importe peu que l'aveugle prenne telle ou

(1) Il faut toujours préférer, pour l'instruction des aveugles, les moyens qui ont été imaginés par eux : ils sentent beaucoup mieux que nous, comme nous l'avons dit plusieurs fois, ce qu'il faut ajouter ou diminuer à nos procédés ordinaires pour les leur rendre utiles.

telle attitude pour écrire : il n'a aucun des motifs qui nous déterminent à observer les règles établies par les maîtres d'écriture, puisque ce n'est point avec une plume qu'il écrit, mais avec une pointe. Il n'a ni pleins ni déliés à faire; il écrirait également sur une table ou contre la muraille.

Néanmoins, nous sommes dans l'usage de les exercer ou sur leurs genoux, ou sur une table, en les plaçant de manière que la lumière vienne du côté gauche, afin que celui qui enseigne puisse voir facilement les doigts de l'aveugle, dont l'avant-bras gauche devra reposer en totalité sur la planche, la main fermée, et l'index seulement tendu, pour suivre le style qui trace les lettres.

Manière de tenir le style.

Le style ou le crayon doit être tenu avec le pouce, l'index et le doigt du milieu; les deux autres sont repliés et traînent sur le papier, dans la progression de la main. Les aveugles ont, en général, le défaut de trop serrer le style entre leurs doigts, et de l'appuyer tellement sur le papier, qu'ils le déchirent. On ne négligera donc pas de les habituer de bonne heure, à ne serrer le style qu'autant qu'il convient.

Mouvemens des doigts de la main.

Il est assez difficile de faire comprendre à un aveugle pourquoi les lettres ne doivent pas avoir toutes la même direction ; pourquoi une lettre inclinée à droite ne sera pas aussi bien que celle qui le sera à gauche. C'est donc pour éviter l'irrégularité qui résulterait nécessairement dans la forme des lettres, des mouvemens mal dirigés du poignet, qu'au lieu de leur laisser faire vaguement des jambages, dans divers sens, comme cela se pratique pour des enfans ordinaires, nous commençons par leur faire suivre, avec un style en fer, sur une planche en étain ou en cuivre (1), (*Voyez fig.* 3), la forme, gra-

(1) L'usage des planches gravées en creux pour enseigner aux jeunes enfans les figures des lettres, est très-ancien. Saint Jérome qui s'est occupé de beaucoup de détails relatifs à l'instruction de la jeunesse, conseillait à sainte Paule de se servir de ces sortes de figures pour sa fille : « Lorsque votre fille » commencera (*), dit-il, à tracer quelques caractères, con- » duisez sa main, encore mal assurée, ou faites *graver en creux*

(*) Cùm verò experit trementi manu stylum in cerâ ducere, vel alteriùs superpositâ manu teneri regantur articuli, vel in tabulâ sculpantur elementa, ut per eosdem sulcos inclusa marginibus trahantur vestigia, ut foras non queant evagari. (*Sancti Hieronimi*, epist. 7.)

vée en creux, des figures les moins composées; des barres simples d'abord, ensuite des barres recourbées par le bas (*ı*), ce qui forme l'*i*; deux de ces barres (*ıı*) rapprochées, ce qui forme l'*u*; puis des barres recourbées en sens contraire par le haut et par le bas (*ı*), ce qui fait la seconde partie de l'*n*; ensuite le *c* et l'*i*, qui, réunis, forment l'*a*; le *c* et le *j*, qui forment le *g* par leur réunion. On parcourt successivement ainsi toute la série des lettres, en passant des plus simples aux plus composées.

Remarque sur l'Alphabet.

On ne peut point adopter, pour les aveugles, un genre d'écriture caractérisé, tel, par exemple, que la bâtarde, la coulée, l'anglaise, etc. Il a fallu éliminer les lettres qui auraient été trop difficiles à exécuter, et choisir, dans chacun de ces genres d'écritures, les let-

» les lettres qu'elle doit imiter, afin que sa plume en suive les » contours sans pouvoir en sortir (*). »

Mr. Gatteaux, graveur des monnaies, grava en 1794, des planches, dans cette même intention. En deux mois douze enfans, pris dans les hôpitaux de Paris, furent assez bien exercés pour pouvoir écrire couramment, et subir un examen devant le comité d'instrnction publique.

tres qui pouvaient convenir aux aveugles. Ainsi l'*a* est bâtarde, parce qu'il est beaucoup plus facile à faire que l'*a* coulée, qui est composé de l'*o* et de l'*i*, qu'on fait en deux temps, ce qui expose l'aveugle à mettre la seconde partie trop près ou trop loin de la première; au lieu que l'*a* bâtarde est formée du *c* dont on conduit la liaison, sans l'abandonner, jusqu'au niveau de la partie supérieure de l'*i*, qu'on trace immédiatement. Le *b* est coulée, à cause qu'il peut être lié, à l'aide de la boucle de sa tête, avec la lettre précédente. Il n'y a aucun changement pour le *c*. Le *d* est coulée, parce qu'on peut facilement lier la partie supérieure avec la lettre qui le suit, ce qu'on ne pourrait faire avec le *d* bâtarde, dont la partie supérieure n'est pas recourbée. L'*f*, le *g* et l'*h* sont nécessairement de la coulée par la même raison, ainsi que le *j*, l'*l*, *m*, *n*. Ces deux dernières lettres, en bâtarde, seraient impraticables; car comment ferait l'aveugle, après avoir tracé le premier jambage de l'*m*, et l'avoir abandonné, pour reprendre la liaison du second, qui doit naître au tiers supérieur environ de ce premier jambage? dans la coulée, au contraire, ces deux lettres deviennent d'une exécution très-facile. Le *p* peut se faire de deux manières ; mais toutes les fois qu'on peut employer le *p* à double branche, indiqué dans la seconde ligne de la figure n° 3, il faut le préférer. L'*r* et l'*s* seront en coulée. L'espèce de *v* anglais, indiqué dans notre alphabet, se lie mieux par ses deux extrémités que le *v* français. Enfin l'*x*, formé de deux *e* renversés en sens contraire, est très-propre à se réunir aux lettres entre lesquelles il peut trouver place, ainsi que l'*y* et le *z* qui le suivent sur notre planche.

Les détails dans lesquels nous venons d'entrer, et les remarques sur lesquelles nous avons été forcés d'insister, paraîtraient puériles et de peu de valeur, si l'on n'était convaincu de l'extrême difficulté qu'on éprouve à faire écrire des aveugles ; mais ils sont indispensables, et nous les avons crus nécessaires, non pour satisfaire une vaine curiosité, mais pour aider ceux qui nous suivront dans la carrière de l'enseignement de ces infortunés dont l'écriture est une branche essentielle.

De la réunion des lettres pour en former des mots.

Lorsque l'aveugle a été long-temps exercé sur la table de cuivre que nous venons de décrire, et qu'en l'exerçant on lui a fait faire toutes les remarques que nous avons énumérées, il faut le faire écrire sur la planche n° 2. On se sert, pour cela, ou d'un style de fer long de six pouces environ, ou d'un crayon un peu dur. Dans le premier cas, on met le papier blanc sur le plancher de la table à écrire; le châssis étant levé, on place sur cette feuille blanche, une feuille de papier noirci avec un corps gras et du noir de fumée du côté qui correspond à la feuille blanche (1); cette seconde feuille est fixée contre

---

(1) Voici la meilleure manière de préparer ce papier que les dessinateurs appellent papier à *décalque*. Il importe infiniment qu'après avoir été teint, il ne demeure pas trop gras, parcequ'alors il ne déteint pas seulement sous les parties comprimées par l'extrémité du style, mais dans toute son étendue. Pour noircir une surface de six pieds carrés, il faut une once d'huile d'amandes douces, un gros de noir d'ivoire et un gros de litharge d'or porphyrisée (oxide de plomb demi-vitreux) pour hâter la dessication. On triture exactement ces trois substances. Si l'huile était trop épaissie, on délayerait ce mélange par l'addition de quelques gouttes d'alcool; on colore le papier, qu'il faut choisir mince et sans vergeures, avec un morceau de coton trempé dans la couleur; lorsqu'il est sec, on le frotte avec un linge très-fin en appuyant un peu fort en même temps que l'on fait des mouvemens circulaires jusqu'à ce qu'il soit bien satiné.

la partie inférieure du châssis dont elle suit tous les mouvemens par le ressort élastique dont j'ai parlé déjà. On laisse retomber le châssis sur la feuille blanche. L'aveugle, en écrivant sur la première feuille, fait déteindre en noir, sur la seconde, toutes les parties sur lesquelles il aura appuyé avec son style. S'il veut avoir plusieurs exemplaires à-la-fois; il lui suffit, pour cela, de former, sur sa planche, une espèce de matelas composé de feuilles alternativement blanches et noires; en écrivant sur la première, il aura écrit sur toutes les autres, avantage que ne présente pas le crayon qui, en outre, a l'inconvénient de se casser fréquemment et de ne plus marquer lorsqu'il a besoin d'être retaillé, ce que l'aveugle ne peut faire lui-même. Nous avons renoncé, par ces motifs, au crayon, et nous lui avons préféré le style et le papier coloré, d'après la méthode de M. Heilman.

La planche disposée, comme nous venons de le dire, on la place devant l'aveugle, en sorte que l'angle inférieur gauche touche au bord de la table, et que l'angle inférieur droit en soit écarté d'environ un pouce. Celui qui donne la leçon doit être debout derrière l'aveugle, et

Julie Ribault del. Azélie Hubert sculp.

prenant sa main dans la sienne (*Voy. pl. V*), il lui place le doigt du milieu sur une des lignes, pour l'habituer à la sentir et à glisser dessus. Quand l'élève est exercé à diriger, d'une manière régulière, son style entre deux lignes de cordes à boyeau, on lui fait faire des lettres; et afin qu'il conserve entre chacune d'elles l'intervalle nécessaire, l'extrémité de son index gauche appuie contre la pointe du style qu'il accompagne et dont il mesure tous les mouvemens. Lorsqu'il espace bien les lettres et qu'il écrit droit entre deux cordons, dont l'écartement est d'environ deux lignes, on en enlève un, et on l'exerce de nouveau ; on ôte ensuite une seconde ligne et successivement on les ôte toutes ; on le fait écrire dans le châssis sans aucune ligne de cordons, et enfin sur une feuille de papier ordinaire sans cordons ni châssis.

L'écriture des aveugles n'est jamais bien régulière, puisqu'ils ne peuvent observer une ligne de base uniforme, que les queues des grandes lettres dépassent inégalement cette ligne, qu'ils ne peuvent apprécier nos largeurs et hauteurs de lettres en becs de plume, ni établir une proportion bien exacte dans la forme de leurs lettres; mais cette écriture est lisible et suffit à leurs besoins. Ils n'écrivent pas non plus fort vîte; mais comme ils ne sont jamais pressés, la lenteur est, pour eux, le moindre inconvénient.

CHAPITRE V.

De la Géographie.

JUSQU'A l'époque où M. Weissembourg, de Manheim, fit des cartes en relief, les leçons de géographie données aux aveugles étaient purement orales; aussi avaient-ils fait très-peu de progrès dans cette étude. Les premiers essais de M. Weissembourg ne furent pas heureux. Il commença par faire graver en relief sur une planche de la grandeur des cartes ordinaires, les principales divisions de l'Europe, dans l'espoir qu'il pourrait faire imprimer ces cartes comme on imprime les livres; mais les trop grands espaces creux empêchèrent l'effet des saillies, et ce projet défectueux fut presque aussitôt abandonné que conçu.

Le second essai consistait à étendre sur toutes les lignes enluminées, des perles de verre de la couleur de l'enluminure, de les y fixer, au moyen d'un fil qui les traversait et que l'on cousait sur la carte; mais ces perles ou se cassaient ou ne se maintenaient pas en rapport avec les lignes subjacentes.

Il substitua ensuite, sans beaucoup de succès, aux perles de verre, de la chenille qu'il collait avant de la coudre. Il fit aussi, à grands frais, des cartes qui excitèrent plus de curiosité que d'intérêt, et dont on parla beaucoup dans le temps : les mers et les fleuves y étaient représentés par des glaces découpées avec beaucoup d'art, et les différentes contrées étaient distinguées par des sables de granulations différentes; on reconnaissait les villes par des clous en cuivre à têtes rondes de diverses grosseurs; mais le frottement faisait bien vîte disparaître le sable, et pour peu qu'on touchât à ces sortes de cartes, la dégradation était considérable : elles n'étaient d'aucune utilité aux clair-voyans, qui ne devinaient même pas de quel usage elles pouvaient être, lorsqu'ils n'étaient pas prévenus.

Le savant aveugle ne fut pas long-temps à s'apercevoir, malgré les éloges qu'on lui prodiguait, de l'insuffisance de ce procédé; il s'attacha à chercher des moyens plus durables et moins défectueux; voici qu'elle fut l'idée à laquelle il s'arrêta :

Il fit coller des cartes ordinaires sur de forte

toile gommée, comme on le pratique pour les cartes pliantes qu'on renferme dans des étuis portatifs; il fit broder ces cartes en chaînettes, et il put, en employant de la soie de différentes grosseurs, faire toutes les divisions qu'il jugea nécessaires, beaucoup mieux qu'avec le sable qui ne pouvait servir qu'à indiquer de grandes parties. Il pouvait même, en se servant de soie de couleur, rendre ces cartes communes aux clairvoyans : néanmoins ce moyen, quoique bien préférable aux autres, était encore défectueux, en ce que la broderie, après avoir servi quelque temps, se relâchait, et, en déchirant le papier, perdait les rapports qu'elle avait avec l'enluminure.

C'est dans cet état qu'étaient les cartes de géographie des aveugles, lorsque l'inventeur de celles dont nous nous servons aujourd'hui imagina d'employer le fil de fer, pour faire les divisions qu'on avait faites successivement jusqu'alors avec des perles, de la chenille ou des broderies diverses. Voici comment on procède à la confection de ces cartes, aussi solides qu'utiles.

On colle sur une feuille de carton très-épais la carte qu'on veut préparer; on colle ensuite sur toutes les parties que l'on veut rendre apparentes du fil de fer bien recuit, facile à plier, et enveloppé dans du papier de soie, semblable à celui dont se servent les modistes pour monter les chapeaux de dames : ce collage se fait facilement, à l'aide d'un petit pinceau de poil de blaireau, comme ceux qu'on emploie pour laver à l'encre de la Chine, et l'agglutination du fil de fer sur la carte est très-solide, au moyen du papier dont il est entouré. Quant aux circonvolutions à donner à ce fil de fer, on les fait très-exactement avec des tenailles à bec de grue très-fines, ayant soin de le présenter souvent sur les lignes enluminées, afin de s'assurer de l'exactitude des rapports; on coupe ce fil de fer en morceaux plus ou moins longs, selon que le travail l'indique; mais cependant on évite de trop fréquentes sections, parce qu'elles ont l'inconvénient de laisser dépasser des bouts qui déchirent la carte superposée, ou qui, comprimées par les doigts de l'élève, pourraient le blesser. Les villes et les îles sont indiquées par des clous à tête demi-sphérique de différentes grandeurs, qu'on fixe, en les clouant dans le carton, lequel doit être assez épais pour que les pointes ne le pénètrent pas.

Les cartes ainsi faites suffiraient aux besoins

des aveugles; mais elles seraient désagréables à la vue, et d'un usage fatigant pour les maîtres clair-voyans, qui ne pourraient reconnaître les parties recouvertes par le fil-de fer ou masquées par la colle; c'est pourquoi on recouvre cette première carte d'une seconde en tout semblable. On enlève, en raclant avec le dos d'un couteau, toutes les rugosités que la colle ou d'autres corps étrangers auraient pu laisser sur le carton; on l'empâte dans toutes ses parties, et l'on procède au collage de la deuxième carte qui a été également imbibée d'une couche légère de colle. On appuie d'abord sur le centre, et pendant qu'une autre personne soulève les bords, on presse légèrement avec un chiffon, en rayonnant du centre à la circonférence. Cette opération doit se faire le plus promptement possible pour éviter la dessiccation du papier, et empêcher la formation des bulles, ce qui arrive lorsque la compression n'a pas été faite circulairement et vîte. L'application totale de la carte étant achevée, on fait des pressions partielles sur les fils de fer, pour que le papier plonge, de chaque côté, et laisse les divisions apparentes et bien coordonnées ; cela se fait assez facilement, pendant que le papier est humide, et qu'il peut céder à la pression des doigts ; quand la carte est compliquée, comme celle d'Asie, par exemple ; il faut que plusieurs personnes, à-la-fois, compriment les fils de fer, pour ne pas laisser à la carte le temps de dessécher. Lorsque ce premier travail est terminé, il reste encore des rides sur la carte ; mais il serait mal de vouloir les faire disparaître, parce qu'elle éclaterait plus tard, si le papier était trop tendu. On la place, immédiatement après, sous une presse à vis ; ou bien, si l'on n'a pas de presse assez large, on peut, en mettant la carte sur une table bien unie, la recouvrir d'un molleton épais, et la charger d'une planche avec des pierres, afin qu'en séchant, elle conserve bien les rapports qu'on lui a donnés (1).

Après l'avoir laissée, cinq ou six jours, sous la presse, on l'en retire parfaitement sèche, et on la vernit avec un pinceau très-doux, légèrement imbibé de vernis blanc à l'esprit de vin,

---

(1) Si l'on est à la proximité d'un cylindre, comme celui dont se servent les fabricans d'indienne, il sera bien de l'y faire presser ; aujourd'hui nous nous servons de notre presse à impression pour cylindrer nos cartes ; cette opération est beaucoup plus prompte que par la pondération.

afin d'éviter que l'humidité des doigts n'éraille le papier.

Les cartes, ainsi préparées, sont d'un usage très-sûr pour les aveugles et très commode pour les maîtres qui peuvent les lire avec facilité. Néanmoins, lorsqu'on porte trop loin les divisions et les coupures, il en resulte de la confusion ; c'est ce qui nous a obligés à renoncer à l'usage de la carte par départemens, parce que les limites, trop souvent semblables, ne pouvaient pas être assez bien appréciées. Nous nous servons de la division par provinces, et nous indiquons, par des divisions partielles, le nombre et la situation relative des départemens que renferme chaque province.

Nous n'avons point parlé des sphères, des globes et des planisphères à notre usage; c'est toujours par le même procédé que nous nous les approprions, et nous avons cru iuutile de nous répéter.

CHAPITRE VI.

De l'Étude des Langues.

On s'était borné, dans l'origine de notre institution, à apprendre aux aveugles la lecture, l'écriture, la grammaire française et la géographie: les langues n'y étaient point enseignées. Ce n'est que bien postérieurement qu'on crut pouvoir leur en donner la connaissance. On commença par l'étude de la langue latine; mais quel dédale, quel vague, pour des enfans privés de la vue, que le choix des mots dans un dictionnaire dont ils ne pouvaient se servir que par la voie d'un intermédiaire! Cependant ils apprirent ainsi, aidés des faibles secours de maîtres aussi inexpérimentés qu'eux, à traduire quelques morceaux élémentaires; mais ils furent bientôt arrêtés, et l'on comprit alors qu'ils ne pouvaient être instruits comme les enfans ordinaires; qu'il fallait proportionner l'enseignement à l'infirmité. Voilà où remonte, pour nous, la naissance de l'enseignement mutuel qu'on s'est plu, depuis deux ans, à désigner sous le nom de méthode de *Bel* ou de *Lancaster*, quoiqu'elle n'appartînt pas plus à l'un qu'à l'autre, et qu'elle nous vînt, selon toutes les apparences, des Indiens.

Cette Méthode, qui est simple et naturelle, nous avait toujours paru la meilleure, et nous nous en servions depuis long-temps lorsqu'on en fit les premiers essais publics.

Il nous est démontré qu'il serait impossible d'instruire des aveugles réunis, de leur apprendre quoi que ce soit, mais spécialement les langues, sans le secours de l'enseignement mutuel. Nous n'avons point introduit, ni les récompenses vénales qui éteignent les sentimens généreux, ni les punitions humiliantes qui compriment l'émulation, ni ce désir de la primauté qui dégénère si facilement en orgueil, et sous ce rapport, notre méthode tient, peut-être, moins au système de Lancaster qu'à celui de Pestallozzi.

Nous préparons nos élèves à l'étude des langues, en confiant, de bonne heure, à leur mémoire de courtes phrases formant un sens; nous avons fait pour eux une espèce de *phraséologie*, où tous les mots, distribués par familles (à-peu-près comme dans les sphères de Pestallozzi), viennent se classer naturellement ainsi que les combinaisons, les dérivés les plus usuels, les alliances des mots entr'eux, etc. Nous nous sommes bien gardés d'abuser de la mémoire de nos élèves, en leur faisant retenir des listes de mots. Ce n'est point ainsi qu'on étudie les langues : bien traduire, ce n'est point traduire des mots ; mais c'est connaître la valeur relative de ces mots, leurs diverses inflexions, l'influence qu'ils ont les uns sur les autres. C'est ce que nous nous attachons à leur apprendre, avant de leur parler de règles ; car, a dit Dumarsais, il n'y a point de principes généraux, qui, pour être bien entendus, ne supposent la connaissance des idées particulières qui les ont fait naître. Commencer par les règles qui sont le résultat des principes généraux, c'est renverser l'ordre naturel des choses et commencer par où il faut finir.

Nous avons adopté, pour la traduction des langues, l'usage des méthodes interlinéaires ; celles dont nous nons servons pour le latin sont de M. Frémont. Elles joignent à une grande fidélité dans la traduction du texte, l'avantage d'être éclairées par de très-bonnes notes. Le mot latin y est traduit par le mot français correspondant, qui se trouve au-dessous. En troisième ligne, vient ce qu'on appelle ordinairement le bon français ; en regard, le texte pur; au-dessous du texte, la traduction littérale, et au-dessous de la traduction, les notes et les explications. Il est impossible de trouver rien de plus exact et de plus philosophique que ce travail, dont l'efficacité est constatée par les succès rapides de nos élèves.

Dumarsais qui, le premier, traduisit les auteurs latins interlinéairement, Rollin lui-même (1), Radonvilliers et tous les grammairiens célèbres qui ont paru depuis, ont manifesté le désir de voir l'usage de ces traductions se généraliser. En effet, pourrait-on mettre trop de soin à éviter à l'enfance des larmes et des chagrins inutiles, et, sur toute chose, la perte d'un temps précieux, qu'on pourrait employer si fructueusement à cet âge ?

---

(1) J'ai toujours souhaité qu'il y eût des livres faits exprès pour les commençans, où ils trouvassent l'application des règles toute faite, au lieu qu'ils sont obligés de la faire dans des thèmes, qui ne sont propres qu'à les tourmenter par un travail pénible et peu utile. (*Traité des Études*.)

Nous avons fait l'application de cette méthode à l'étude du grec ; mais comme il n'y a point encore d'auteurs traduits interlinéairement, mon collaborateur M. Dufau, en se servant des caractères vulgaires, comme MM. Danse de Villoison, Gail et Lefebre de Villebrune l'ont conseillé, a fait des traductions partielles, sur nos planches à composition. Quoique long et pénible, ce travail a eu pour résultat de faire entendre parfaitement à nos élèves, au bout de quelque mois d'étude, Ésope et Anacréon qu'ils traduisent aujourd'hui avec facilité aux exercices publics.

Le même procédé est mis en pratique pour l'étude de l'anglais et de l'italien, ne pouvant retirer aucun secours des traductions de Luneau de Boisjermain, qui sont très-incorrectes. La prononciation anglaise met quelquefois, je l'avoue, notre méthode en défaut ; mais ces contre-temps excitent notre émulation, et rarement quittons-nous nos élèves sans avoir été compris. Nous devons rendre justice à leur aptitude et à leur pénétration, qui sont telles que certains d'entr'eux saisissent si parfaitement la manière d'un auteur, dès les premières pages, qu'ils l'expliquent ensuite, d'un bout à l'autre, presque sans aucun secours. Les filles n'ont pas autant d'activité que les garçons pour l'intelligence des langues: néanmoins le plus grand nombre parle l'italien avec facilité.

Deux instituteurs et une institutrice suffisent à l'enseignement de quatre-vingts élèves, auxquels on apprend la lecture, l'écriture, la langue française, la latine, la grecque, l'anglaise et l'italienne, la géographie, l'histoire, les mathématiques transcendantes, la musique vocale et instrumentale dans toutes ses parties. Un si grand nombre d'élèves instruits, nous osons le dire, avec quelque distinction, par trois personnes, peut bien servir à faire l'éloge de l'enseignement mutuel. Nous ajouterons que cet enseignement est ici philosophiquement dirigé; nous avons banni les promenades oiseuses et bruyantes et tout le fatras des exercices automatiques des écoles *lancastriennes*, pour n'adopter que l'esprit de la méthode perfectionnée par l'observation et l'expérience. Nous tenons les premiers fils, et six professeurs pris parmi les élèves les plus distingués sont chargés de transmettre à leurs camarades la tradition qu'ils tiennent directement de nous: on choisit, parmi ceux que les professeurs instruisent, les sujets les plus avancés, pour en faire des répétiteurs, et enfin, dans le nombre de ceux qui reçoivent l'instruction des répétiteurs, on fait des semainiers qui, trop peu exercés pour régenter longtemps, ne sont en fonction que huit jours. Ainsi, depuis celui qui lit Tacite, jusqu'à celui qui commence à balbutier les premières séries de la *phraséologie*, tous sont professeurs et maîtres et tous avancent, à pas de géant, vers le but qu'ils ont sans cesse devant eux. Voilà, je crois, quelque nom qu'on lui donne, le véritable enseignement mutuel.

CHAPITRE VII.

Des Mathématiques.

Si la privation de la vue peut, dans quelques circonstances, devenir un avantage, c'est dans l'étude des mathématiques. Les aveugles ont des dispositions naturelles pour cette science, à laquelle ils se livrent avec un goût décidé. Très-jeunes, ils apprennent facilement les opérations les plus compliquées de l'arithmétique, et, sans employer aucun des moyens dont les clair-voyans font usage pour la géométrie, ils ont une idée exacte et précise des figures, ce qui est prouvé par leurs succès dans l'algèbre, la trigonométrie et les autres branches des mathématiques. Leur intelligence, pour cette étude, est tellement développée, que non-seulement ils sont en état de suivre parfaitement les démonstrations faites sur le tableau et de profiter des leçons publiques données par les maîtres les plus distingués (M. Biot, M. Francœur), mais même de remporter, dans les lycées, les premiers prix sur les clair-voyans.

(*Voyez* ce qui a été dit à ce sujet page 63 de cet ouvrage.)

Il résulte des principes que nous avons établis jusqu'à présent, qu'il ne faut jamais se servir d'aucun moyen arbitraire pour l'instruction des aveugles : c'est ce principe qui détermina l'inventeur de la planche arithmétique actuelle à renoncer à celle de Saunderson, qui, toute ingénieuse qu'elle est, oblige à donner des valeurs conventionnelles aux chevilles, selon leur grosseur et leur situation.

Les lettres et les chiffres dont nous nous servons aujourd'hui ne diffèrent en rien des lettres et des chiffres ordinaires, et c'est en cela que consiste la perfection de notre méthode d'enseignement, qui rend communs aux aveugles les moyens d'instruction des clair-voyans.

Ces chiffres sont montés, comme les lettres, sur un chevron transversal (*Voyez planche V*, *fig.* 1): les fractions sont montées de la même manière ; mais la partie supérieure du chevron est évidée carrément (*fig.* 2), pour recevoir un chiffre mobile en forme de coin, au moyen duquel le numérateur et le dénominateur subissent les changemens nécessaires. Des filets, qu'on peut placer horizontalement ou verticalement

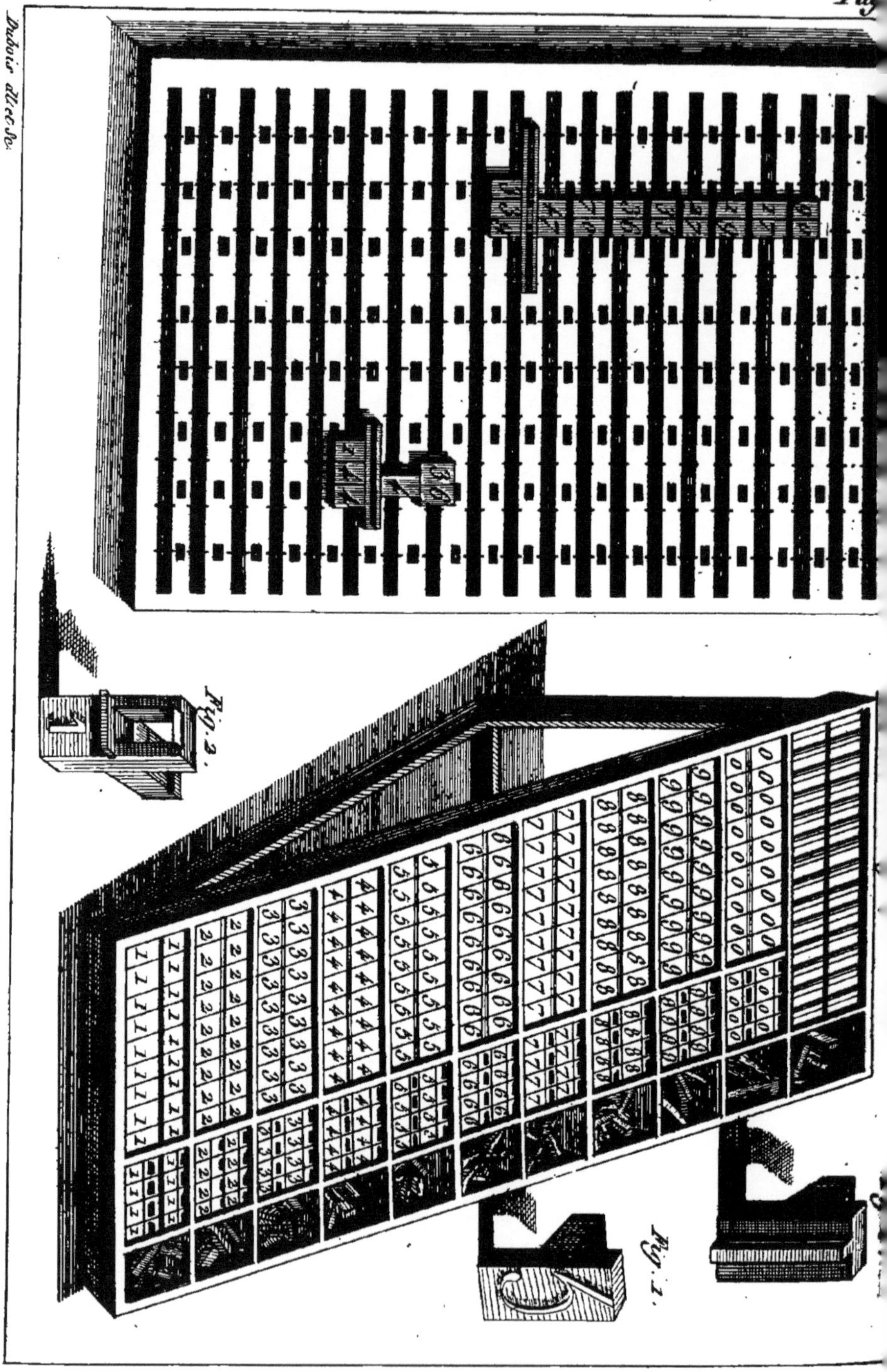

Pl. 6.

Pag

Fig. 1.

Fig. 2.

Dubois del. et Sc.

(*fig.* 3), servent à indiquer les divisions des nombres. Ces chiffres sont placés dans une casse (*fig.* 4) distribuée en onze larges cassetins, à côté desquels on en trouve d'autres pour les numérateurs et les dénominateurs. Cette casse, plus longue que large, doit être placée sur un plan incliné, comme la casse à composition.

Dans la fonte qui vient de se faire, on a diminué de moitié la grosseur des anciens chiffres; ils étaient trop lourds, et occupaient un trop grand espace sur la planche. Les chiffres à fractions, dont on a cru pouvoir se passer, n'ont pas été refondus.

La planche à calcul (*fig.* 5) ne diffère de la planche à composition que parceque les intervalles transversaux sont croisés par des fils de fer qui maintiennent les chiffres en rapport les uns avec les autres. La même planche devient géométrique lorsqu'on place des chevilles dans les trous qui se trouvent sur les tringles, et qu'on les entoure d'un fil de soie, comme le faisait Saunderson.

On aurait tort de croire que nous retirons un grand secours, pour l'enseignement de la géométrie, des petites figures en bois dont on se sert quelquefois pour les clair-voyans. J'ai déjà eu occasion d'expliquer pourquoi nous n'adoptions pas ces moyens, qui nous seraient plus nuisibles qu'avantageux, puisqu'ils matérialiseraient la pensée des aveugles, qui doivent avoir mentalement l'idée de ces figures. Ils peuvent bien s'aider de quelques moyens de comparaison: deux points écartés l'un de l'autre, un cordon tendu, une boule qui roule, leur donnent l'idée d'une ligne droite; un cordon relâché leur figure une courbe, etc.; mais il ne faut point baser sur ces notions vagues une théorie qui n'aurait rien de vrai.

On s'étonne de voir nos élèves faire des cours d'optique aussi bien que des clair-voyans, et l'on admire leur sagacité à expliquer les lois de la dioptrique et de la catoptrique. Comme nous ne voulons pas jouir d'une admiration qui ne serait pas méritée, nous devons dire que ce qui rend facile pour eux la démonstration de tous les phénomènes de l'optique, c'est qu'ils réduisent tout en lignes. Ils n'aperçoivent que des points palpables là où nous voyons des points colorés; Saunderson, lui-même, le plus intelligent des aveugles, tout professeur d'optique qu'il était, n'a jamais pu parvenir à entendre ce qu'étaient les couleurs du prisme, la verdure du feuillage, etc. ; il n'a jamais conçu non plus le rayon visuel autrement que comme un corps solide qui touchait l'organe qu'il n'avait pas, pour l'avertir de la présence des objets, de même que son bâton faisait parvenir jusqu'à sa main la connaissance d'un objet placé à sa rencontre, avec quelques notions imparfaites de dureté, de mollesse et de distance ; le rayon réfracté n'était que le bâton courbé ou rompu ; le rayon réfléchi, que le bâton qui repoussait sa main à la rencontre d'une muraille ; en un mot, toutes ses notions de vision se rapportaient au toucher, parce que l'ouïe, l'odorat et le goût consultés ne lui avaient rien appris d'aussi précis. Les aveugles n'ont et ne peuvent avoir aucune idée des couleurs (1). S'ils en re-

(1) Un de nos éléves, traduisant à une séance publique la première strophe de la deuxième ode du premier livre d'Horace, fut arrêté sur ces mots : *et rubente dexterâ sacras jaculatus arces*, etc., par l'interrogateur, qui lui demanda la traduction propre des mots *rubente dexterâ* ; le jeune homme traduisit ainsi : *de sa droite enflammée*, etc. Pressé de nouveau de traduire littéralement l'épithète *rubente*, il donna l'équivalent *rouge*. Nouvelle question sur ce qu'il entendait par un *bras rouge* ; il répondit qu'il ne croyait point, comme l'aveugle de Locke, que la couleur rouge ressemblât au son

connaissent quelques-unes, c'est moins la couleur, proprement dite, qu'ils reconnaissent, que la matière colorante ; et la meilleure preuve de cette assertion, c'est que lorsqu'ils ne peuvent pas bien deviner par le toucher, ils *goûtent* la couleur. S'ils confondent le bleu avec le noir par le toucher, ils ne se méprendront plus en prenant le goût pour juge : l'indigo et la noix de galle ne sont pas, pour eux, une même chose, comme nos yeux, si faciles à nous décevoir, nous le font croire fort souvent. La distinction

d'une trompette ; qu'il ne se faisait néanmoins aucune idée directe de la couleur rouge ; mais qu'il avait traduit d'abord *rubente* par *enflammée*, parce qu'on lui avait dit que le feu est rouge : de quoi il avait conclu que la chaleur était toujours accompagnée de la rougeur ; ce qui l'avait déterminé à caractériser la colère de Jupiter, dont le bras irrité foudroyait la ville et la citadelle, par l'épithète *enflammée*, parce que, quand on est irrité, on a chaud, et quand on a chaud, on *doit être* rouge. Cette réponse fut faite en 1814 par l'élève Fonsèque, qui est encore à l'Institution. Elle nous a paru assez extraordinaire pour mériter d'être citée, parce qu'elle donne une idée des moyens secondaires que les aveugles mettent en pratique pour arriver à quelques notions vagues de la théorie des couleurs, qui sera toujours, pour eux, l'inconnue.

des couleurs analogues, non par la nuance, mais par la teinture, le jaune et le vert, par exemple, leur paraît difficile à établir, tandis que le rose foncé et le rouge clair, qui nous paraissent presque identiques, sont, pour eux, des couleurs beaucoup plus tranchantes que le jaune et le vert. Des écrivains dignes de foi ont assuré avoir vu des aveugles qui reconnaissaient, par le tact, la couleur du poil de certains animaux (1). Nous sommes loin de nier ce fait; mais nous ne comprenons pas comment cela peut se faire.

---

(1) De comite Mansfeldico cœco refert Keckermanus, *Syst. Physic.*, *lib.* 3, *cap.* 16, solo tactu album à nigro discernere; de equo fusco vel albo, item de columbâ nigrâ vel cæruleâ judicium ferre potuisse.

CHAPITRE VIII.

De la Musique.

On croit généralement que la musique n'est point enseignée, par principes, aux aveugles, et qu'ils imitent seulement les sons qu'on leur fait entendre : c'est une grande erreur. Rien ne serait plus vicieux qu'une telle manière d'instruire. Nos procédés pour l'enseignement de la musique ne sont autres que ceux employés pour les clair-voyans; c'est avec les méthodes du conservatoire que nos enfans apprennent les élémens de la musique, de la composition, etc. Comment sentiraient-ils la mesure ? comment pourraient-ils exécuter des morceaux d'ensemble avec autant de précision qu'ils le font, s'ils n'étaient guidés que par une aveugle routine ? Les signes de la musique n'auraient aucune valeur pour eux si on ne leur en rendait la forme sensible : c'est ce qui nous a déterminés à faire graver sur de larges planches de bois de poirier les figures des notes, des clefs, des silences et de tous les signes altératifs, avec quelques leçons qui servent d'exemples.

On avait imprimé autrefois de la musique en relief; mais nous avons cessé de nous en servir, parce qu'elle était fort dispendieuse et sans utilité : l'élève ne pouvait lire (avec ses doigts) et exécuter simultanément. Voici comment se donnent aujourd'hui les leçons : un jeune enfant que les aveugles eux-mêmes ont dressé à lire la musique, placé au milieu de l'orchestre, solfie quelques mesures d'une partition, qui est devant ses yeux, en prévenant d'avance pour quel instrument est le morceau qu'il chante. La mémoire des aveugles est si fidèle, qu'il est rarement besoin de leur répéter la même phrase plus de deux fois. Après avoir ainsi appris successivement à tous les instrumens un égal nombre de mesures, le maître de musique (aveugle) met ensemble ce qui vient d'être appris : le clairvoyant recommence à solfier, et enfin, lorsque cent cinquante à deux cents mesures ont été retenues, en une séance de deux heures et demie environ, le chef d'orchestre les fait répéter, plusieurs fois, pour donner les nuances et l'expression nécessaires. On lie ce morceau à celui qui a été appris la veille, en les exécutant ensemble. Ainsi sont apprises de longues pièces, des messes, des chœurs, des symphonies, et si exactement retenues, qu'il suffit quelquefois d'une seule répétition pour les remonter, quoique abandonnées souvent depuis plusieurs années (1).

---

(1) Cette manière d'apprendre la musique nous a toujours paru préférable à beaucoup de systèmes arbitraires qui nous ont été communiqués. Nous nous rappelons avoir vu à Bordeaux, il y a dix-huit ans, un aveugle (M. Dumas) jouant assez bien du violon, mais qui, montré par des maîtres étrangers à la manière d'instruire les aveugles, ignorait jusqu'aux premiers élémens. Il avait inventé un moyen de copier la musique, d'une manière bizarre : il représentait les mesures par des moules de boutons, la valeur des notes par des morceaux de liège plus ou moins épais, une ronde par un anneau, une noire par une pièce de monnaie, les silences par des lanières de cuir dentelées, etc. Nous ne nous rappelons point la série confuse de tous ces signes, qu'il reconnaissait cependant assez bien ; mais nons ne pûmes retenir le rire lorsque, nous ayant parlé du deuxième concerto de Jarnowick, qu'il jouait alors, il alla chercher, dans une armoire, une espèce de chapelet, long de sept à huit toises, formé des objets dont nous avons parlé, qu'il nous dit être ce concerto, et sur lequel il nous fit distinguer les passages les plus difficiles. Il avait plusieurs armoires remplies de cette singulière musique.

Ribault del. Azélie Hubert Sculp

Ils n'ont point d'autres maîtres qu'eux-mêmes pour la musique instrumentale, et cependant il y en a d'assez forts pour jouer le concerto très-agréablement. Chaque professeur aveugle a dans sa tête la méthode entière de l'instrument qu'il enseigne, un très-grand nombre d'œuvres de duos, etc. (1).

Aucun élève n'est dispensé de l'étude de la musique. Le choix d'un instrument dépend de l'usage qu'il en doit faire après sa sortie de l'ins-

---

Nous avons vu d'autres aveugles qui écrivaient la musique sur des planches, où étaient des portées de dix à quinze lignes, comme celles que J.-J. Rousseau avait proposées, avec des pointes de différentes grosseurs.

N'est-il pas plus simple d'user des moyens connus de tout le monde, surtout quand ils sont plus faciles et plus sûrs ?

(1) C'est une satisfaction pour nous de trouver l'occasion d'exprimer notre reconnaissance à M. l'abbé Rose, bibliothécaire du conservatoire, qui, depuis plusieurs années, a composé, pour les aveugles, un très-grand nombre de morceaux de musique qui ont toujours été entendus avec le plus grand plaisir. Nous devons aussi beaucoup d'obligations à MM. Perne, Duport, Habeneck, Jadin, Dacosta et Baudoin, pour les conseils qu'ils ont bien voulu donner à nos élèves, avec autant de zèle que de désintéressement.

titution. L'administration a redoublé d'efforts, depuis la translation de l'établissement, pour réaliser le projet, depuis si long-temps formé, de donner aux aveugles des professions utiles; elle n'a rien négligé pour éviter qu'ils n'allassent, comme autrefois, en quittant cette maison, jouer des instrumens dans des lieux publics qui n'étaient pas toujours d'un bon choix: c'est dans cette intention qu'elle a fait l'achat d'un orgue à deux claviers pour faciliter à ceux qui habitent les grandes villes le moyen de se faire un état avec cet instrument. Ceux qui doivent se retirer dans des villages où il n'y a point d'orgues, apprennent à jouer du serpent; car ils jouent de tous les instrumens connus. Ils ont reçu cette année, pour la première fois, des leçons de harpe. On n'avait pas cru possible, jusqu'à présent, de leur apprendre cet instrument si difficultueux pour les clair-voyans eux-mêmes, par la position pénible du corps et la multiplicité des cordes que rien ne différencie. C'est au zèle de l'institutrice des demoiselles que l'on doit cette heureuse innovation qui a eu un succès complet.

...bault del. Azélie Hubert sculp.

CHAPITRE IX.

Des moyens de commuuication entre les Aveugles et les Sourds-Muets.

On est étonné de la facilité avec laquelle les aveugles communiquent avec les sourds-muets, et on n'imagine point comment cette communication peut avoir lieu entre des êtres privés des organes les plus indispensables aux fonctions intellectuelles.

On sera bien aise d'apprendre quelle a été l'origine des relations qui se sont établies entre ces deux classes disgraciées de la nature, et par quels moyens les aveugles et les sourds-muets étaient parvenus à s'entendre, long-temps avant qu'on eût songé à chercher une méthode pour le leur enseigner. Ces détails, fastidieux peut-être pour ceux qui sont étrangers à la bienfaisance, ne seront pas sans intérêt pour les âmes sensibles et généreuses, qui se plaisent à soulager le malheur.

Pendant le temps où les Institutions des aveugles et des sourds-muets furent réunies dans l'ancien couvent des Célestins, les élèves des deux ètablissemens, rapprochés par l'habitation, mais séparés par leur infirmité, cherchèrent à établir entr'eux des points de contact. Les chefs des deux maisons, loin d'improuver ce rapprochement, le favorisèrent, convaincus qu'il ne pouvait qu'être avantageux à des êtres qu'une sorte de confraternité de malheur invitait à se rechercher mutuellement.

Ils avaient déjà reçu, les uns et les autres, quelqu'instruction ; car je n'imagine point quel serait le mode de communication qui pourrait s'établir entre des aveugles et des sourds-muets, qui seraient sans instruction. Leur situation serait, je crois, celle d'un enfant sans expérience, avec lequel il faut convenir de tout. Aussi n'est-ce pas de l'aveugle en état de nature dont je vais parler, mais de l'aveugle instruit.

Quand les aveugles apprirent que les sourds-muets parlaient entr'eux dans l'obscurité, en écrivant sur leur dos, ils pensèrent que ce moyen devait leur réussir, pour les entendre, et il leur réussit en effet. Ce nouveau langage devint bientôt commun aux deux familles ; les sourds-muets, qui trouvaient pénible de laisser écrire sur leur dos ce qu'ils pouvaient très-bien voir, essayèrent de faire écrire les aveugles en l'air, comme ils écrivent eux-mêmes : ce moyen, qui était aussi long que le premier, leur parut de plus infidèle, parce que les aveugles écrivaient mal de cette manière ; ils préférèrent donc se servir, pour dialoguer, des caractères à l'usage de ces derniers ; mais ces caractères ne pouvant être transportés facilement, les muets enseignèrent aux aveugles lenr alphabet manuel, et les uns par la vue, les autres par le toucher, reconnaissaient facilement, à l'inspection des doigts, les lettres que forment leurs différentes combinaisons entr'eux. Néanmoins, cet alphabet manuel ne peignant que des mots, rallentissait singulièrement la conversation. Ils sentirent le besoin d'une communication plus rapide, et les aveugles apprirent la théorie des signes des sourds-muets : alors, chaque signe représentant une pensée, la communication fut parfaite. Cette étude fut longue et pénible, parce qu'elle suppose une connaissance assez complette de la grammaire ; mais le désir de parler l'emporta sur les dégoûts, et en peu de mois les signes, parfaitement connus, remplacèrent tous les autres moyens jusqu'alors employés. Voici comment l'échange se faisait :

Lorsque l'aveugle avait à parler au sourd-muet, il faisait les signes réprésentatifs de ses idées, et ces signes plus ou moins exactement faits (1), transmettaient au sourd-muet la pensée de l'aveugle. Quand le sourd-muet, à son tour, voulait se faire comprendre, il le faisait de deux manières : ou en se plaçant debout, les bras tendus et sans mouvement au devant de l'aveugle, qui les lui saisissait un peu au-dessus des poignets et sans les serrer, les accompagnait dans tous les mouvemens qu'ils faisaient. S'il arrivait que les signes n'eussent [illegible] été compris, l'aveugle se mettait à la place du sourd-muet. Celui-ci lui prenait les bras, de la même manière, et leur faisant faire les mouvemens qu'il aurait faits lui-même avec les siens, devant un clair-voyant, il remplissait les lacunes restées dans la première opération, et complétait ainsi la série d'idées qu'il avait voulu communiquer à son compagnon.

---

(1) Nous n'avons pas besoin de faire observer que la difficulté de ces communications est augmentée par la perte des signes de la physionomie, et d'une partie des gestes et des mouvemens du corps que l'aveugle ne peut apprécier, et dont il n'a pas même l'idée ; car, en parlant, les aveugles demeurent sans mouvement et sans expression.

Mais le degré d'instruction des élèves n'étant pas le même, ils ne pouvaient se servir également bien des signes ; ils y suppléaient par tous les moyens que leur imagination inventive leur suggérait. C'était un singulier spectacle que celui d'une pantomime jouée dans le plus profond silence par cent cinquante enfans, jaloux de se comprendre les uns les autres, et ne le pouvant pas toujours, ennuyés d'avoir fait de longues et inutiles tentatives, et finissant très-souvent, comme autrefois les enfans de Babel, par se séparer sans s'être compris, mais non toutefois sans s'être donné des preuves réciproques de leur mauvaise humeur, les uns en frappant comme des sourds, et les autres en criant comme des aveugles.

DEUXIÈME SECTION.

CHAPITRE X.

Des Travaux manuels communs aux deux Sexes.

Quoique nous n'ayons rien négligé pour porter l'éducation des aveugles au plus haut degré de perfection possible, comme on peut s'en assurer par l'énumération des diverses branches d'études auxquelles on les applique aujourd'hui, nous aurions cru laisser l'œuvre bien imparfaite si nous n'étions parvenus à donner à ces infortunés un moyen d'existence assuré par la connaissance d'une profession mécanique quelconque ; nous éprouverions une vive douleur si, après avoir réussi à les instruire dans les sciences, il fallait que, perdant les fruits de leur séjour à l'Institution, ils fusssent forcés de recourir à la charité publique, ou de solliciter leur admission dans un de ces asyles où le malheur et l'inconduite ne sont que trop souvent confondus.

Nous avons profité de l'expérience de nos prédécesseurs et de nos propres observations pour le choix des métiers qu'il convient de donner aux aveugles. Il en est un très-grand nombre qu'ils pourraient exercer, mais qui ne leur seraient point avantageux. Nous avons cru devoir, par cette raison, les abandonner et préférer seulement, quoiqu'en petit nombre, ceux qu'ils peuvent facilement pratiquer. Nous avons toujours soin de proportionner l'état à la constitution physique des sujets, à leur intelligence, à leur situation et à celle de leurs familles ; car il ne serait pas convenable de renvoyer dans un village un aveugle qui saurait un état qu'on ne peut exercer avec fruit que dans une grande ville, et *vice versâ*.

Nous nous serions dispensés de donner une description détaillée des professions exercées par les aveugles, si nous n'avions remarqué dans chacune d'elles des choses qui les leur rendent particulières et que nous avons cru devoir signaler à ceux qui, éloignés de la capitale, voudront, aidés de ce livre, instruire des aveugles sans les déplacer. La plupart des descriptions sont accompagnées de figures explicatives du texte. Ce n'est point comme ornement que nous avons fait faire ces gravures, mais parce que nous sommes persuadés que lorsque les choses n'ont pas été vues, les descriptions graphiques sont le plus sûr moyen de les faire bien connaître.

CHAPITRE XI.

Du Tricot.

Nous ne répèterons pas ici ce que nous avons dit ailleurs de la facilité que les aveugles ont à s'instruire, les uns les autres, et de leur supériorité, à cet égard, sur les clairs-voyans; mais nous ferons seulement remarquer qu'outre la consolation qu'ils éprouvent à être réunis, l'émulation est beaucoup plus forte chez eux que chez les enfans ordinaires. Nous avons vu des aveugles instruits isolément, qui n'ont jamais réussi dans aucun travail manuel. Il nous arrive, chaque jour, des sujets de 12 à 14 ans, qui n'ont pu apprendre, au sein de leur famille, à faire une seule maille, tandis qu'ici les plus jeunes parviennent, en très-peu de jours, à faire des jarretières.

On ne saurait imaginer combien sont pénibles et fastidieux les commencemens de l'instruction des aveugles en général; cette difficulté est doublée encore, lorsqu'on a à leur enseigner des travaux mécaniques. Le tricotage, qui est une chose en apparence fort simple, que les clairvoyans apprennent facilement, ne laisse pas d'offrir de grandes difficultés aux aveugles. C'est cependant le travail le plus propre à développer l'adresse de leurs doigts. On leur fait faire des jarretières pour les exercer à tenir les aiguilles, qu'ils poussent toujours trop avant, dans la crainte de laisser échapper leurs mailles. Il faut que l'aveugle qui donne la leçon se place derrière l'élève, et lui tienne les mains pour diriger le mouvement des doigts (*Voyez planche XI.*). On lui explique la raison de tous les mouvemens, et on ne cesse de lui tenir les mains que lorsqu'il sait relever les mailles, ce qui est difficile pour lui parce qu'au lieu d'introduire l'aiguille droite entre deux fils, il la fait passer au milieu du fil qu'il divise souvent en plusieurs faisceaux ; voilà d'où vient que leur tricot va toujours en s'élargissant, jusqu'à ce qu'ils ayent la main réglée. On leur donne, pour éviter cette division, du fil très-gros bien tordu, et des aiguilles émoussées. Quant à la largeur, aux décroissemens et aux augmentations du bas, ils ne peuvent bien les faire qu'en calculant le nombre de tours; lorsque, par

Pl. 9.

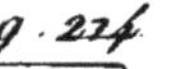

Ribault d.

Adèle Hubert S.

l'habitude, ils sont parvenus à prendre leurs mailles et à les jeter avec l'aiguille de la main gauche sans les serrer, ils vont extrêmement vîte, tricotent très fin, font des points à jour et des coins très-agréables, avec autant de dextérité que les clair-voyans. Plusieurs élèves de la maison confectionnent, pour des bonnetiers de Paris, des gilets, des camisoles, des jupons en tricot élastique, dont on est très-satisfait.

Tous les aveugles n'ont pas le tact également sensible ; il en est qui sentent à peine l'extrémité des aiguilles, qui sont très-maladroits à tourner leur fil et à prendre les mailles; on est dans l'usage de faire commencer ceux-là avec des aiguilles de bois, de la grosseur de celles qu'on employe pour le tricot en laine.

CHAPITRE XII.

De la Filature.

La filature ne présente pas les mêmes difficultés que le tricot; néanmoins il faut aux aveugles une grande habitude pour parvenir à filer uniment; comme ils sont toujours enclins à se courber en avant, il est bien de tenir leur quenouille un peu élevée et le plus près possible de la tête; la main gauche, au lieu d'être placée au-dessus de la filasse, comme le font les clair-voyans, est au-dessous (*Voy. pl. X.*). Cette main n'embrasse pas seulement la quenouille pour la soutenir, mais elle distribue et trie la filasse qui passe dans la main gauche pour y être arrondie; les deux mains, ainsi rapprochées, peuvent bien plus facilement que si elles étaient isolées, arrêter les bourbillons quand il s'en forme, sans que le fileur soit obligé de suspendre le mouvement du pied. Il faut qu'il fasse tourner la roue lentement, afin que le fil ne soit pas trop tordu; ce qui arriverait nécessairement,

si la filasse n'était pas débitée en proportion du mouvement de la roue. Aussi est-il mieux, par cette raison, que les roues de leur rouet soient un peu plus petites qu'elles ne sont ordinairement, pour que la rotation de la bobine ne soit pas plus accélérée qu'il ne le faut.

CHAPITRE XIII.

Des Bourses.

Les aveugles font des bourses de plusieurs manières, mais particulièrement avec le métier dont la figure est en l'autre part (*Voy. pl. XI.)*, ou avec le moule à dents. Ils éprouvent plus de difficulté à se servir du moule, parce qu'ils sont exposés à jeter une maille pour l'autre, et à détruire ainsi, sans s'en apercevoir, leur propre ouvrage.

Le métier à baguettes n'offre pas cet inconvénient. Je voudrais pouvoir décrire la manière d'en faire usage; mais cela est assez difficile lorsqu'on ne l'a pas devant soi. Il faut tendre transversalement et à trois pieds de distance environ, deux cordons, l'un au haut et l'autre au bas du métier, dont les deux branches montantes sont séparées par un intervalle d'environ trois lignes, ce qui suffit pour le passage des baguettes. On tend la soie sur ces deux cordons, en passant toujours la main au-devant du métier et décrivant un mouvement, en forme de 8 de

chiffre. On met depuis quatre-vingts jusqu'à cent brins de soie, selon la longueur de la bourse; on place, sur le côté droit de la soie, un fil qui est compris dans le tissu, et qui sert, lorsque la bourse est achevée, à faire retrouver les mailles, pour en coudre les bords. Il y a une très-grande variété de points; mais on commence toujours, de droite à gauche, en prenant alternativement une soie de devant qu'on porte en arrière et une soie de derrière qu'on porte en avant, après l'avoir croisée avec celle qui suit, pour fermer le nœud: comme les nœuds qui sont faits s'éfileraient, si on les abandonnait lorsqu'on est arrivé au dernier brin, l'aveugle les retient sur son index droit, et les arrête en substituant au doigt une baguette plate et mince avec laquelle il presse transversalement les mailles inférieures, parce que le travail fait par les mains dans le haut se répète au bas du métier par l'entrecroisement des fils; en sorte qu'il se fait toujours deux bourses à la fois.

Cette profession convient parfaitement aux femmes aveugles, qui ont généralement la pulpe des doigts plus sensible que les hommes, et qui, d'ailleurs, ayant les mains plus sèches, ne sont pas exposées à lâcher la soie. La combinaison du point peut se faire d'une infinité de manières ; et les aveugles sont très-ingénieux à en trouver de nouvelles. Rien n'est plus commun que de leur voir faire dans le tissu des bourses, des fleurs, des oiseaux, etc. Quant à la variété des couleurs, dans ces sortes de bourses, elle ne dépend que de l'arrangement primitif de la chaine et de l'entrecroisement des fils. Les aveugles qui reconnaissent les bobines n'ont besoin de personne pour monter leurs métiers; ils savent, d'ailleurs, très-bien quelles sont les couleurs qui peuvent ou non se combiner: ils ne rapprochent point des teintes trop tranchantes, et, sous ce rapport, ils ne blessent jamais ni notre goût, ni nos yeux.

CHAPITRE XIV.

De la Sangle et du Filet.

Le filet est d'autant plus difficile pour les aveugles, que les clair-voyans eux-mêmes éprouvent beaucoup de difficultés à faire passer le moule dans la maille. Jusqu'ici les aveugles n'ont point fait de filet de soie, à cause de la finesse extrême des fils. L'obstacle n'aurait point été insurmontable; mais le temps qu'il aurait fallu donner à l'exécution de ce filet, aurait excédé de beaucoup sa valeur. Nous nous sommes bornés à faire des filets à pêche avec de la ficelle de moyenne grosseur. Nous n'avons point de procédés particuliers à décrire pour ce travail, auquel nous appliquons les aveugles qui doivent se retirer dans des lieux où l'on pratique la pêche ou la chasse. Nous nous bornerons seulement à dire qu'il est très-essentiel de leur faire observer comment on passe le moule dans la maille et comment se forme le nœud; qu'il ne faut pas tirer trop fort la ficelle vers soi afin d'avoir des mailles uniformes ; car c'est dans l'égalité du nouement que consiste la bonté du travail. La sangle se fait de la même manière que le ruban : le procédé est trop connu pour qu'il soit nécessaire de le décrire ; il n'a d'ailleurs rien de particulier aux aveugles.

CHAPITRE XV.

Des Chaussons de lisière de drap.

Les travaux les plus simples et les plus utiles sont ceux que nous avons choisis et préférés pour les enseigner aux aveugles. De ce nombre sont les chaussons de lisière de drap, qu'il font très-bien, promptement et sans le secours de personne : ils se transmettent mutuellement ce genre de travail comme tous les autres. Il leur serait difficile de couler les lanières à une égale distance, si rien ne leur indiquait l'intervalle à garder ; c'est pourquoi ils placent de chaque côté de la forme un morceau de cuir étroit et long, qui est percé d'un plus ou moins grand nombre de pointes, dont la tête est contre la forme et l'extrêmité au-dehors. Ils passent, entre chacun de ces points, une lanière qui a d'abord été fixée au-dessus du talon par un clou à tête, et qui est encore arrêtée au bout de la forme par un autre clou. La perfection de l'ouvrage consiste ensuite à passer la lisière en travers, et à la bien serrer sur la forme *(Voy. pl. XII.)*, afin de détruire les vides que laisseraient naturellement les bords inégaux de la lisière qu'on ne peut ébarber que d'un seul côté. Ils font, par le même procédé, des chaussons de tissu mérinos et de peau de couleur, que nous faisons ensuite rembourer avec de la peau d'agneau, ce qui les rend, à la fois, commodes et agréables.

Pl. 12.

Pag. 224.

CHAPITRE XVI.

Des Tapis de lisière.

Les tapis de lisière ne sont que depuis peu de temps au nombre de nos travaux manuels. Le mécanisme en est cependant si simple qu'on dirait qu'il a été inventé pour les aveugles; aussi égalent-ils les clair-voyans dans la perfection de ce travail qui n'est point pénible, et auquel nous appliquons indistinctement les jeunes gens des deux sexes.

Nos métiers diffèrent un peu de ceux dont se servent les fabricans de sparterie ; c'est ce qui va nous obliger à les décrire. On voit par la figure ci-contre (*planche XIII*), qu'il faut travailler debout ou assis sur un siège élevé. Le métier, qui ressemble beaucoup à celui des matelassiers, consiste en quatre pièces mobiles, 1° une forte traverse en chêne (*a*) de douze pieds de long sur trois pouces d'écarissage, retenue contre le mur par deux mains de fer (*bb*); cette barre est garnie sur son bord antérieur de clous à crochets, qui y sont fichés, à deux pouces de distance l'un de l'autre. De chaque côté de cette première piéce de bois sont deux autres pièces, percées de trous, à six pouces d'intervalle, et fixées, par leurs extrêmités (*cc*), au moyen de cordes qui facilitent le déplacement, à la traverse qu'elles rencontrent, en formant avec elle un angle aigu. L'autre extrêmité repose sur deux tréteaux mobiles (*dd*). A l'opposé de la traverse, et au-dessus des pièces latérales, se trouve un rouleau cylindrique (*e*), ayant un égal nombre de clous. C'est sur les deux pièces transversales que l'on monte la lisière, en l'accrochant aux clous et aux crochets; le nombre de tours détermine la largeur du tapis; et la longueur varie selon que le cylindre (*e*) est plus ou moins près de la traverse (*a*) qui adhère au mur. Cette pièce (*e*) tourne sur elle-même et sert à rouler l'ouvrage déjà fait, au moyen d'une poignée en bois (*f*) que l'on fixe au besoin avec une corde, ce qui n'empêcherait pas néanmoins le cylindre de rouler s'il n'était arrêté à son autre extrêmité par une petite cheville en fer qui entre dans les trous de la pièce (*c*). La lisière ainsi tendue en long, et les couleurs assorties et disposées convenablement, il ne s'agit plus que de la croiser par d'autres

f
b
c
a
b
d
e
c

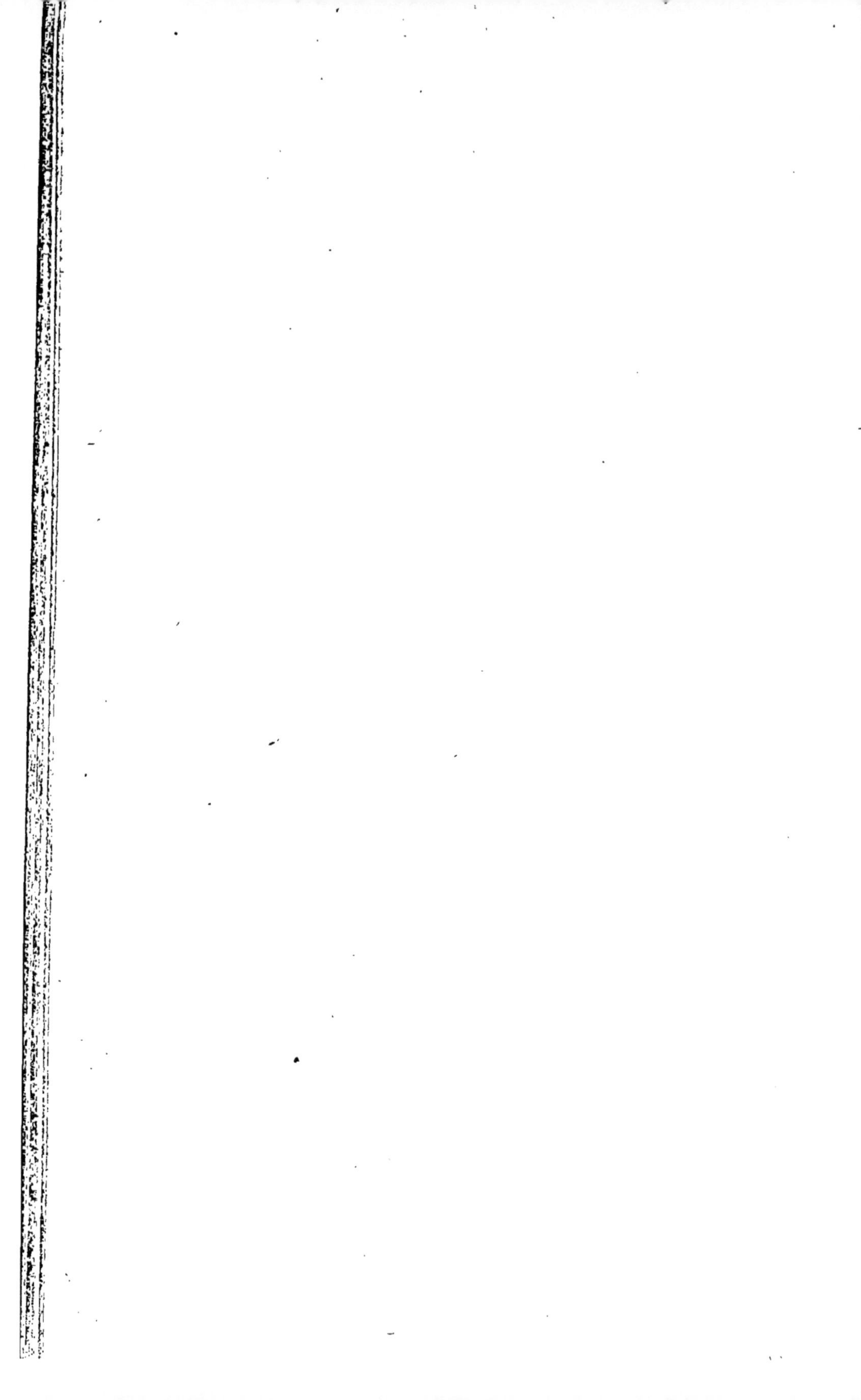

lisières, en passant alternativement dessus et dessous, de droite à gauche, puis de gauche à droite, jusqu'à ce qu'on arrive aux crochets de la traverse. On détache alors le tapis et on passe la dernière lisière en travers pour l'arrêter : c'est le plus difficile et ce qui termine l'ouvrage.

Nos élèves ont fait un très grand nombre de tapis de toute grandeur. Il est déjà beaucoup de personnes bienfaisantes qui en ont acheté pour exciter leur émulation, et pour avoir en leur possession quelques travaux exécutés par ces industrieux artisans.

CHAPITRE XVII.

Des Chaussons à peluche de laine.

Les chaussons de lisière que nous avons décrits dans le chapitre XI, sont très-peu chauds et ne peuvent être portés sans une garniture de feutre ou de peau buffle. Ceux à peluche, plus épais, et fourrés à l'intérieur, sont beaucoup plus chauds. Le procédé, pour faire ces chaussons, nous a été communiqué par un Hollandais qui en faisait un très-grand commerce dans son pays et dans le nord de l'Allemagne. Les aveugles ont parfaitement réussi à fabriquer ces chaussons, qui sont d'un très-grand débit, pendant l'hiver. Nous allons essayer de faire comprendre la manière de les faire, en commençant par indiquer le choix des matières premières.

On se sert, pour la monture, de laine commune qu'on fait filer un peu gros. On peut même substituer de la ficelle à la laine; le travail en est plus solide, mais le chausson est moins chaud. Si l'on peut employer indifféremment de

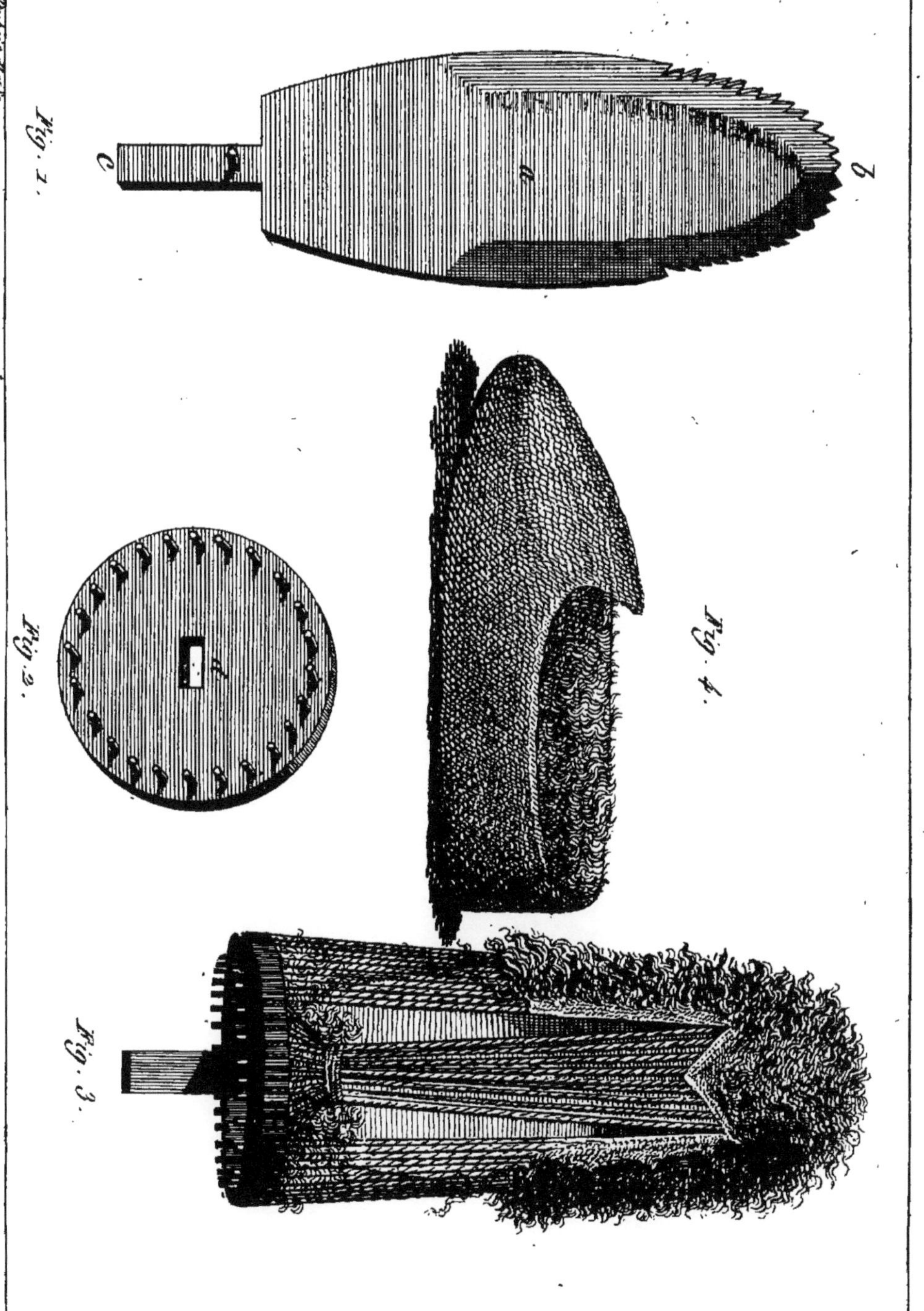
Fig. 1.
a
b
c
Fig. 2.
d
Fig. 3.
Fig. 4.

...lbe Tibault del. Azélie Hubert Sculp.

la laine ou de la ficelle pour la monture, il n'en n'est pas de même de la tissure : sans cela on se trouverait faire un chausson entièrement de ficelle. La laine à tisser est la même qui sert à faire les montures : mais on préfère, pour la peluche, de vieille laine cardée.

Le métier est composé de deux pièces : d'abord d'une planche (*Voy. pl. XV*, *fig.* 1re) plus ou moins longue, selon la grandeur du pied (*a*); mais toujours un tiers plus longue et plus large que les formes ordinaires. Cette planche est arrondie et denticulée par le haut (*b*), pour recevoir les fils de laine. La partie inférieure se termine par une tige large d'un pouce (*c*) et percée d'avant en arrière : cette tige entre dans une ouverture pratiquée au milieu d'une pièce de bois arrondie (*d*) et garnie au pourtour de chevilles plus ou moins écartées, selon la grandeur du métier. La laine montée sur le métier y est disposée, comme on le voit *fig.* 3. La partie qui est extérieure sur le métier devient intérieure, lorsque le chausson a été retourné, après avoir été terminé.

On passe les fils de laine transversalement, d'un côté à l'autre, et lorsqu'on est arrivé à l'un des bords, on reploie le fil sur lui-même pour parcourir le même trajet en sens contraire, ayant soin d'interposer, entre les mailles, à la distance d'environ six lignes, un flocon de laine lâche. Quand on a ainsi garni tous les cordons tendus d'une extrémité du métier à l'autre, on coupe les ficelles rez des chevilles, et on les noue fortement, les unes avec les autres, afin de fermer le talon. On coupe les ficelles supérieures, à trois lignes des mailles, et on les fait rentrer en dessous, afin qu'elles retiennent les fils et qu'elles soient cachées. On peigne ensuite avec une carde fine la laine qui dépasse les mailles; ce qui fait une fourrure douce, égale, et bien préférable aux peaux de lapins et d'agneaux avec lesquelles on est dans l'usage de garnir les chaussons de lisière. Enfin on retourne le chausson quand il est terminé, et il prend alors la forme indiquée par la figure 4.

La meilleure manière de tenir le métier est de le placer entre les genoux, la partie supérieure appuyée contre la poitrine. Il devra n'etre pas assez serré pour qu'il puisse facilement tourner, à mesure qu'on garnit le chausson, comme l'indique la planche XIV.

CHAPITRE XVIII.

Des Fouets en boyau.

La fabrication des fouets au métier est devenue très-peu lucrative depuis qu'on a imaginé des mécaniques, avec lesquelles un seul homme peut en faire un très-grand nombre à la fois. Néanmoins, comme les aveugles ne pourront jamais, en se servant des mécaniques, faire, sans secours, les fouets comme ils les font avec les anciens métiers, nous croyons à propos de les décrire pour faciliter à ceux qui voudront en faire usage, le moyen de les copier.

Deux planches parallèles, de quatorze pouces de circonférence (*planche XVI aa*), supportées par des tasseaux verticaux de quinze à seize pouces de hauteur (*bbb*), qui, les réunissant, forment le boisseau. L'intervalle qui existe entre chaque tasseau est garni de toile ou de peau. Ce boisseau est supporté par un pied (*c*), qui est creusé intérieurement de la longueur d'un fouet ordinaire. Le fil ou boyau qui doit recouvrir la baleine ou le rotin, est roulé sur des bobines plombées, qui pendent sur les côtés du métier *(ddd)*. Le fouet est fixé dans le tambour par un verrou mobile et à ressort *(e)*. En faisant tourner le boisseau alternativement, de droite à gauche, et de gauche à droite, l'aveugle recouvre le fouet en faisant les mailles qu'il désire, selon qu'il combine les fils dont le mélange produit la variété des points.

Le fouet est attaché, par sa partie supérieure, à une corde *(f)*, qui est tendue au moyen d'un poids *(g)* suspendu à son extrémité, ce qui fait qu'il suffit que l'aveugle ouvre le verrou *(e)* pour que le fouet se trouve élevé.

Les aveugles sont très-adroits à se servir de ce métier, qui est, en même temps, pour eux, un délassement agréable. Il en est qui peuvent recouvrir, de cette manière, jusqu'à dix fouets par jour, ce qui était un état, avant l'établissement des mécaniques.

f
g
a
d
a
c

CHAPITRE XIX.

Travaux manuels, particuliers aux Garçons.

De la Tisseranderie.

S'IL est une profession qui convienne éminemment aux aveugles, c'est celle de tisserand à laquelle ils n'ont été cependant appliqués que depuis la translation de l'établissement, quoiqu'il existât, depuis long-temps, à la filature des hospices, dans le nombre des ouvriers clairvoyans, un tisserand aveugle alimentant sa famille du produit de son travail.

A l'exception de l'ourdissure, pour laquelle la vue est indispensable, il n'est aucune partie de la tisseranderie que les aveugles ne puissent exécuter: ils montent eux-mêmes les pièces sur les métiers; ils parent (1) et sèchent les

(1) Les tisserands appellent *parer* le collage de la chaîne, qu'ils font avec des brosses de chiendent, afin de donner au fil plus de tension et de solidité. Il serait trop long d'attendre que la colle séchât naturellement. On hâte cette dessiccation en passant, dans plusieurs sens, au-dessous de la chaîne, une poêle dans laquelle sont des morceaux de bois allumés, dont on dirige la flamme vers le fil. Les aveugles mettent leurs mains entre la poêle et la chaîne, pour éviter de la brûler.

chaînes, sans brûler les fils. Ils fabriquent du treillis dont on fait des toiles à sacs et à voile, et des serviettes ouvrées. Nous sommes même parvenus à leur faire faire des mouchoirs de coton de couleurs variées. Voici quel est le moyen employé pour les leur faire reconnaître et empêcher qu'il n'y ait point d'erreur dans le passage des navettes. Une ficelle sur laquelle sont des nœuds de différentes grosseurs, qui indiquent les changemens de couleurs et le nombre de tours à faire avec chaque navette, est placée au côté droit de la chaîne (*Voyez pl. XVII, fig. a*), et est roulée avec elle sur l'ensouple *(b)*. Un ou plusieurs crans sur l'extrémité de la navette, selon qu'il a été convenu, sert à faire reconnaître les couleurs.

Nos métiers ne diffèrent des métiers ordinaires que par une roue denticulée, que nous avons fait ajouter au côté droit de l'ensouple *(c)*, sur laquelle repose un loquet en fer *(d)* rendu mobile par une corde *(cc)* avec laquelle on peut, sans se déplacer, dérouler la chaîne, à mesure qu'on tisse et qu'on plie la toile sur le déchargeoir.

e
e
d
c
b
a

a
b
c

CHAPITRE XX.

De l'Empaillage des chaises.

L'EMPAILLAGE des chaises est un moyen d'industrie dont les aveugles s'acquittent avec facilité. Il suffira de jeter les yeux sur la planche ci-jointe pour se convaincre de la simplicité de ce métier.

L'empaillage des chaises se fait ordinairement avec de la paille de seigle teinte ou de couleur naturelle. On la mouille, et on en fait des faisceaux pour la battre avec une masse en bois, afin que les brins, se rapprochant immédiatement, puissent être formés en cordons plus ou moins épais. La chaise est placée sur un tourniquet à double branche et à vis (*Voy. pl. XVIII, fig. a*), qui repose sur une tige *(b)* fixée dans une pierre *(c)* assez lourde pour n'être pas renversée par le poids de la chaise. L'aveugle étant assis, les mains au niveau de la partie supérieure du siége à empailler, il attache les premiers cordons de paille du côté du dos de la chaise, et continue en la faisant tourner chaque fois qu'il ajoute un cordon.

Les aveugles peuvent faire également bien l'empaillage uni et en couleur; mais le travail qui leur convient le mieux est celui des grosses chaises de bois blanc, comme celles qui seraient dans les églises et les promenades.

Je n'ai point parlé des chapeaux de paille, parce que la manière de les faire est assez connue. C'est un ouvrage qui rentre, sous plusieurs rapports, dans celui du rempaillage. Les aveugles font très-bien la natte plate à cinq brins, semblable à celle avec laquelle on fait les chapeaux de femme en Suisse; néanmoins ils sont longs à réunir ces nattes : c'est ce qui fait qu'ils ont cessé de confectionner des chapeaux à paille unie, avec entrecroisemens et tresses, qui, d'ailleurs, pour être plus difficiles à exécuter, n'en étaient ni plus agréables, ni d'un débit plus prompt.

CHAPITRE XXI.

De la Corderie.

Les aveugles peuvent facilement apprendre le métier de cordier, que nous donnons, de préférence, à ceux d'entr'eux qui doivent habiter des ports de mer.

On se sert d'abord d'étoupes grossières pour les habituer à filer uniment. La main droite est placée au-devant de la main gauche, pour arrêter les trop gros bourbillons qui rendraient la ficelle inégale, comme nous l'avons fait remarquer pour la filature du fil. Il est essentiel qu'ils mouillent beaucoup le chanvre et que la roue soit tournée lentement, pour que la torsion de la ficelle ne soit pas trop forte, parce qu'ils distribuent nécessairement la filasse moins vîte que les clair-voyans.

Ils peuvent cordonner, c'est-à-dire, unir plusieurs ficelles ensemble pour faire de la corde ordinaire; mais ils ne peuvent point câbler aussi bien que les clair-voyans. D'ailleurs, cette partie de la profession de cordier ne se fait plus à la main, depuis qu'on a imaginé des mécaniques qui font le câble bien plus vîte et plus uniment que les hommes ne pourraient le faire.

On les emploie à peigner le chanvre, même sur les rateaux les plus fins. La délicatesse du toucher les sert mieux, pour cette opération, que la vue ne nous sert à nous-mêmes.

Ils font usage, avec beaucoup d'adresse, de la mécanique à pelotonner, et font les pelotes de ficelles aussi régulières que les clair-voyans pourraient les faire.

19.

bouk Del — Ozele Hubert Sculp

CHAPITRE XXII.

De la Vannerie.

La vannerie n'est qu'une des dépendances de la sparterie dont nous avons déjà traité. C'est un des premiers métiers qu'on ait donnés aux aveugles, parce qu'ils peuvent en exécuter toutes les parties sans le secours des clairvoyans.

Si nous n'avons plus, depuis quelques années, d'atelier de vannerie à l'Institution, c'est par la difficulté que nous éprouvions à en placer les produits, qui ne laissaient pas d'exiger l'avance d'un capital assez considérable. Les objets confectionnés occupaient plusieurs magasins, et se détérioraient par la dessiccation.

Néanmoins cette profession convient parfaitement aux aveugles, qui ont fait, lorsqu'ils l'exerçaient, de très-jolis ouvrages, non-seulement en osier, mais en paille de riz, de seigle et en pelure de jonc, qui ne cédaient point en perfection à ce que font les aveugles de l'hospice de Londres, qui sont presqu'uniquement occupés de travaux de vannerie.

Les clair-voyans ne surpassent point les aveugles pour la régularité du travail, pour la symétrie et la combinaison des couleurs de la paille et de l'osier. Ce sera toujours un état à donner à ceux d'entr'eux qui devront habiter les départemens de l'Est et autres lieux où l'on fait beaucoup de vannerie. Nous rétablirons l'atelier de vannerie aussitôt que l'accroissement du local et les facultés de l'Institution le permettront.

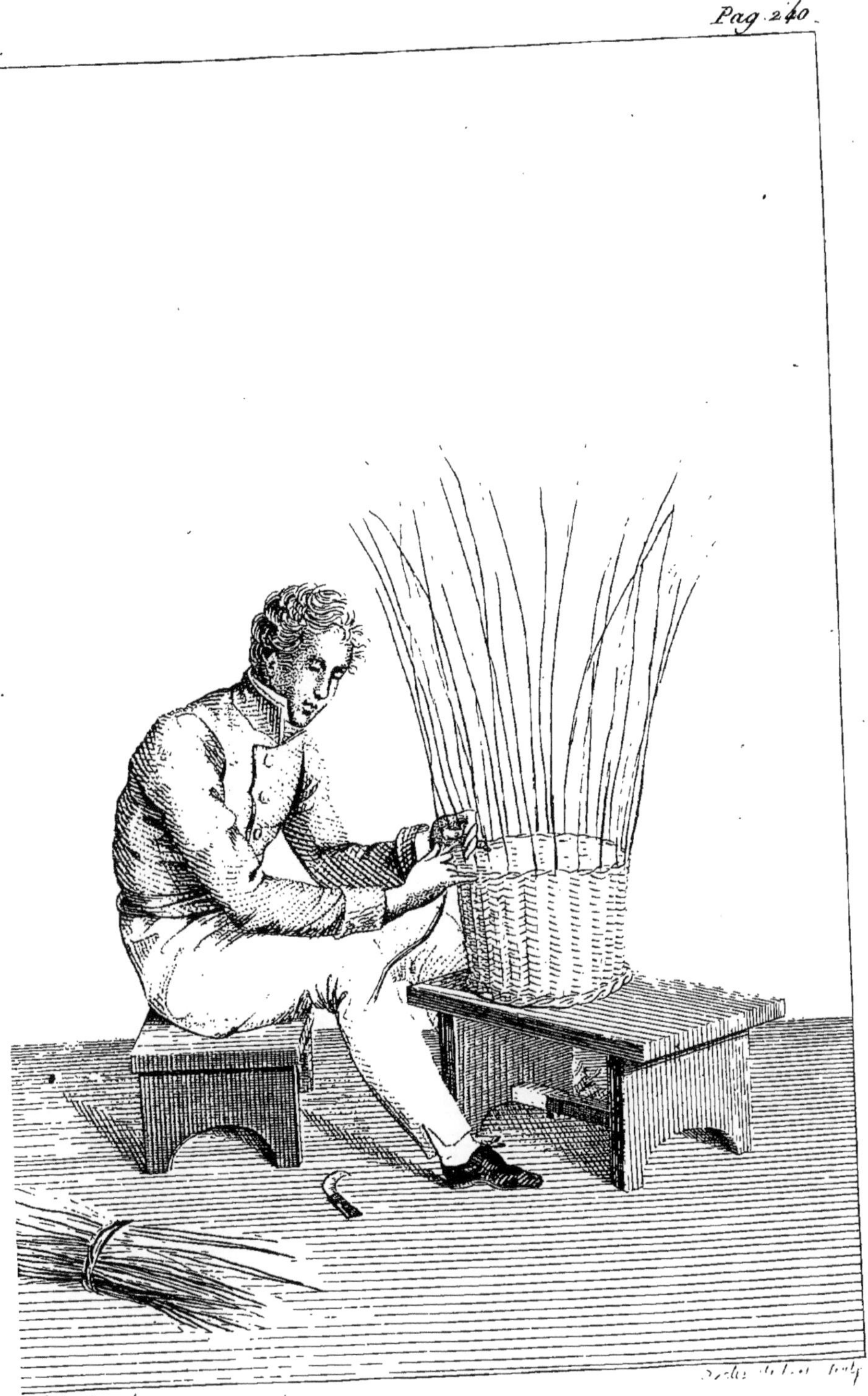

CHAPITRE XXIII.

Des Tapis de paille, de jonc et de peluche d'Espagne.

Nous l'avons dit souvent : plus les métiers que l'on donne aux aveugles sont faciles, plus ils leur sont avantageux. Rien n'est plus aisé que de leur faire faire des tours de force, en les habituant à vaincre des obstacles en apparence insurmontables ; mais de quelle utilité pourraient être pour ces infortunés d'aussi stériles travaux ?

Tous les éléves indistinctement apprennent cette partie de la sparterie, qui consiste à fabriquer des tapis de paille et de jonc, parce que ces paillassons sont d'un débit assuré dans presque toutes les parties de la France, où l'usage en est introduit.

Paillassons. On les fabrique avec de la paille de seigle ; ceux qu'on fait avec de la paille de blé, qui est beaucoup plus difficile à travailler, sont moins solides. On commence par mouiller la paille et la battre avec une masse, pour qu'elle soit plus flexible ; la tresse se fait à trois brins ; elle doit être plate et bien lisse. On exerce, de bonne heure, les aveugles à ne faire de reprises qu'en dessous, afin qu'il n'y ait jamais de bouts qui dépassent, sur la face supérieure de la natte. Il ne faut pas qu'ils attendent d'avoir entièrement employé un faisceau pour en prendre un autre; sans cela la natte serait inégale. La paille est accrochée à un tréteau *(Voyez pl. XXII, fig. a)*, au-devant duquel le tresseur est placé assis ou debout.

Tapis de jonc. On les fait avec du jonc qu'on récolte sur les bords des rivières, qui conserve toujours une couleur verdâtre qui dispense de le teindre. On mouille ce jonc, comme la paille, avant de s'en servir, pour le battre et le travailler plus aisément; mais lorsque les nattes sont faites, on a soin de le faire sécher, pour éviter que l'eau, retenue par la partie pulpeuse de l'intérieur du jonc, ne le fasse pourrir. Les tresses en jonc sont beaucoup plus faciles à faire que celles en paille, parce qu'il n'y a que trois parties à enlacer.

Tapis de peluche. Ces tapis qu'on appelle aussi *gazon*, à cause de leur couleur verte, se font avec un jonc très-fin, qui croît en Espagne sur les rivages de la Méditerranée. On s'en sert, dans le pays, pour faire des nattes

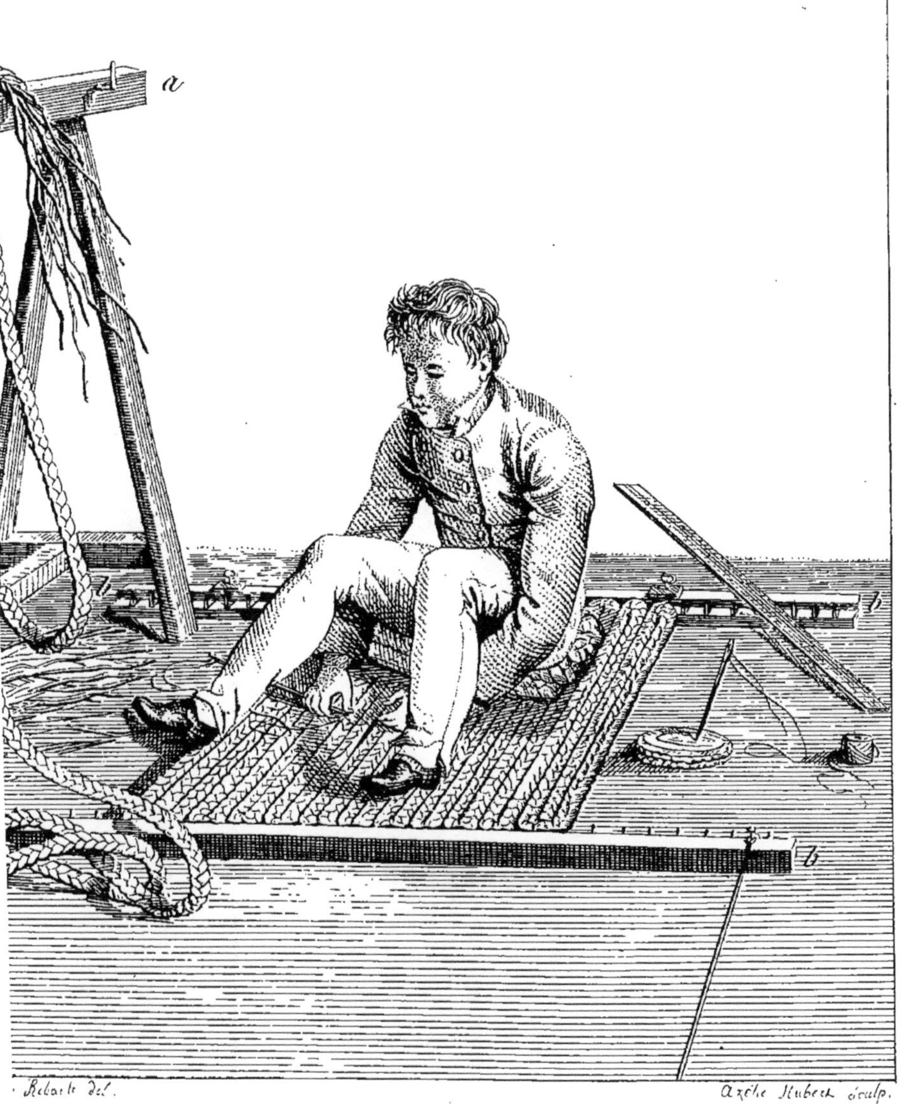

Rebarle del. Arche Hubert sculp.

grossières, avec lesquelles on enveloppe les balles qui renferment la soude d'Alicante. On achète ces nattes aux droguistes, pour en avoir le jonc; on fait plusieurs choix du jonc, selon sa grosseur et sa longueur; on le réunit, par bottes assorties, lorsqu'on veut le travailler; il faut le lier fortement, afin d'avoir la facilité de le battre, avec une masse en fer, pour écraser chaque brin et le diviser en filamens pelucheux. On fait avec ce jonc, ainsi préparé, des tresses à cinq branches; mais comme il a ordinairement une couleur jaunâtre, il est indispensable de le teindre (1), pour lui donner la couleur verte. Les tresses étant agrafées à des crochets fichés dans deux longues traverses (*bb*), l'aveugle s'asseoit sur ces nattes, et avec une longue aiguille et du cordonnet ciré, il réunit les nattes, les unes avec les autres, en les cousant d'abord deux à deux, puis quatre à quatre, et ainsi progressivement.

(1) On fait cette teinture avec trois onces d'indigo délayé dans une pinte d'acide sulfurique affaibli; ce qui donne d'abord une couleur bleuâtre: on ajoute à cette solution, pour la rendre verte, une livre de la racine jaune de *curcuma longa* pulvérisé, qu'on délaie à froid dans sept seaux d'eau, avec lesquels on peut teindre environ trente-huit toises de nattes.

CHAPITRE XXIV.

Jeux des Aveugles.

L'ÉTAT habituel de concentration dans lequel sont plongés les aveugles par le défaut de distraction, leur rend nécessaires quelques divertissemens; c'est ce qui nous a engagés à leur faire connaître une partie de nos jeux : on ne saurait trop faire pour adoucir le sort de ces infortunés. On me pardonnera, je l'espère, en faveur de l'intention, d'avoir placé ici la description de quelques uns de ces jeux.

Il y a fort long-temps que les aveugles jouent aux cartes avec beaucoup de dextérité, soit entr'eux, soit avec des clair-voyans. On avait tenté de faire, pour eux, des cartes dont la couleur avait un peu de saillie ; mais ce relief qui se détruisait par le frottement des cartes, les unes contre les autres, prêtait à l'équivoque ; ils les reconnaissent bien mieux par des piqûres. Voici la manière la plus ordinaire de préparer ces sortes de cartes. Les trèfles vont nous servir d'exemple : le roi est indiqué par un point placé à la réunion du tiers supérieur de la carte, avec ses deux tiers inférieurs ; la dame, par un point placé au sixième supérieur environ et à droite ; le valet, dans la même position, à gauche ; l'as, au sixième supérieur, mais au milieu et au-dessus du roi ; le dix, au tiers supérieur, à droite ; le neuf, dans la direction opposée au dix. Le huit est marqué comme la dame, et le sept comme le valet, excepté que le point est placé dans l'intervalle qui se trouve entre l'as et la dame. Les autres cartes sont marquées de la même manière : elles ne diffèrent de celles que nous venons de décrire, que par le nombre et la position des points. Les cœurs sont indiqués par deux points (. .) horizontaux ; les piques, par deux points (. ˙) placés diagonalement; les carreaux, par deux points (:) verticaux. (*Voyez* le tableau ci-après, où les différentes manières de préparer les cartes sont indiquées pour les quatre couleurs.)

La piqûre doit être faite de dehors en dedans pour que la bavure puisse être sentie du côté de la couleur, afin que si l'aveugle joue avec un clair-voyant, ses cartes ne soient pas reconnues. Les piqûres n'ont pas besoin d'être

CARREAU.	PIQUE.	COEUR.	TRÈFLE.
Roi.	Roi.	Roi.	Roi.
Dame.	Dame.	Dame.	Dame.
Valet.	Valet.	Valet.	Valet.
As.	As.	As.	As.
10	10	10	10
9	9	9	9
8	8	8	8
7	7	7	7

très larges; il suffit de les faire avec une aiguille fine : il est peu d'aveugles qui ne les reconnaissent facilement.

Des Echecs.

Le jeu d'échecs convient parfaitement aux aveugles, parce qu'il oblige au calcul, et qu'ils recherchent, même dans leurs récréations, les jeux qui peuvent occuper leur imagination. Mais il était nécessaire de rendre les pièces solides en les fixant sur le damier, ce que nous sommes parvenus à faire en plaçant à l'extrémité inférieure de chaque pion, un pivot arrondi qui entre dans un trou pratiqué dans les cases du damier. Les aveugles reconnaissent les pièces de leur adversaire à une petite pointe très déliée et presqu'imperceptible, qu'on ménage sur la boule qui les termine supérieurement. Au moyen de la fixité que le pivot donne aux pièces, ils peuvent les toucher sans les renverser, comme il arrive quelquefois aux clairvoyans. On a vu, au café de la régence à Paris, le célèbre compositeur *Philidor*, devenu aveugle, jouer avec des jeux ainsi préparés, deux parties à la fois.

Du jeu des Dames.

Si les dames sont faites de bois différent, cela suffit aux aveugles pour les reconnaître et pouvoir jouer avec un damier ordinaire. Néanmoins si l'on faisait faire un damier pour eux, il serait bien que les cases d'une couleur fussent plus basses d'nn quart de ligne que les autres, et que les dames fussent distinguées par un coup de gouge sur la partie supérieure, comme si le jeu devait servir à de jeunes enfans. On pourrait mettre aussi un pivot sous les pions pour les mieux arrêter.

Les aveugles jouent avec une égale dextérité au tritrac (le jeu étant disposé pour eux), aux dominos, aux dés et à tous les jeux des clair-voyans, pourvu qu'on leur accuse, avec fidélité, les nombres et les figures, lorsqu'ils n'ont pas de moyens de les rendre en relief.

CHAPITRE XXV.

Conclusion.

Je termine ici ce que j'avais à dire sur l'instruction des aveugles. Puissent les efforts que j'ai faits pour me rendre digne de la bienveillance du public, n'être pas entièrement perdus pour moi ! je m'estimerai heureux s'ils contribuent à faire excuser les imperfections d'un travail fait précipitamment, au milieu des occupations pénibles de mon emploi.

La plus grande partie de cet ouvrage est composée de descriptions de travaux mécaniques ou de traductions qu'il n'est pas toujours facile d'ennoblir. J'ai tâché de racheter, par l'exactitude des faits, ce qui manque du côté de la correction du style et de la pureté de l'expression. Je le répète, en terminant : faire connaitre les aveugles, leurs qualités et leurs défauts ; dire à quoi ils peuvent être utilement appliqués dans les études et les travaux, exciter en leur faveur des sentimens de bienveillance et d'intérêt, voilà le but que je m'étais proposé en écrivant cet Essai. Si je l'ai atteint, mes vœux sont comblés.

N. B. J'ai dit, dans le cours de cet ouvrage, que les aveugles s'occupaient de poésie avec quelque succès : je vais, pour en donner la preuve, transcrire ici quelques morceaux composés par des élèves de l'Institution.

TRADUCTION DE LA LIBERTÉ,

OU

LA PARFAITE INDIFFÉRENCE.

(Ode de Métastase.)

Enfin, grâce à ta perfidie,
Les dieux ont eu pitié de moi;
J'existe, et ce n'est plus par toi,
Nice, que je tiens à la vie:
Cette fois, j'en suis bien certain,
Ce n'est point un flatteur mensonge;
Ma liberté n'est point un songe,
J'ai brisé mon fatal lien.

Je ne sens plus l'ardente flamme
Dont l'amour consumait mon sein;
Sous l'apparence du dédain,
Il ne règne plus dans mon âme:
Sans même changer de couleur
J'écoute ton nom, ton langage;
Et quand je *fixe* ton visage,
Je ne sens plus battre mon cœur.

De mes songes, quand je sommeille,
Tu n'es pas toujours le sujet;
Tu n'es pas le premier objet
Qui m'occupe quand je m'éveille.

Sans émotion, sans désir,
Je sais supporter ton absence,
Et je me trouve, en ta présence,
Sans peine comme sans plaisir.

Si je m'entretiens de tes charmes,
Je ne me sens plus attendrir ;
Je rappelle sans repentir
Mes torts, jadis source de larmes.
Je ne sens plus, quand je te vois,
Ce trouble si doux lorsqu'on aime ;
Je puis, avec mon rival même,
Parler tranquillement de toi.

Regarde-moi d'un air farouche,
Parle-moi d'un ton de pitié ;
Tes dédains et ton amitié
N'ont désormais rien qui me touche.
Ce sourire, trop séducteur,
Sur moi n'a plus aucun empire,
Et ces yeux, j'ose te le dire,
Ne savent plus trouver mon cœur.

Jadis ma gaité, ma tristesse,
Mon infortune, mon bonheur,
Étaient le fruit de ta froideur
Ou de ta perfide tendresse.
Aujourd'hui, maître enfin de moi,
J'aime les côteaux, les bocages,
Et dans les lieux les moins sauvages
Je me déplais même avec toi.

Écoute, si je suis sincère :
Je te trouve encor des appas ;
Mais, comme autrefois, tu n'es pas
L'unique objet qui peut me plaire.
Ose entendre la vérité :
Je vois sur ton charmant visage
Tel défaut, qu'avant d'être sage,
Je croyais être une beauté.

A ma honte, je le confesse,
Lorsque je rompis mes liens,
Je crus voir finir mes destins ;
Mon cœur se brisait de tristesse :
Mais, je le sens, pour s'affranchir
D'un si rigoureux esclavage,
Le mortel même le moins sage
Consentirait à tout souffrir.

L'oiseau qui dans la glu s'empêtre,
Quelquefois perd, en se sauvant,
Ses plumes, et chante pourtant
Dès qu'il se voit libre et sans maître.
Il renouvelle en peu de jours
Ses plumes, et l'expérience
Fait qu'il évite avec prudence
Les pièges qu'on lui tend toujours.

Je le sais, tu crois que ma flamme
N'est pas éteinte pour jamais ;
Tu te flattes que tes attraits
Subjugueront toujours mon âme.

Non, non, d'un amour qui n'est plus,
Nice, si je parle sans cesse,
C'est qu'on rappelle avec ivresse
Tous les dangers qu'on a courus.

Je m'entretiens de tes caprices,
Je parle de mes maux passés,
Comme on voit des soldats blessés
Montrer leurs nobles cicatrices;
Comme on voit, libres et contens,
Les esclaves conter leurs peines,
Et montrer les pesantes chaînes
Qui les accablèrent long-temps.

Je parle; mais ma seule envie
Est de me distraire un moment,
Sans me soucier nullement
Que Nice à mes discours se fie.
Je parle avec sincérité,
Sans redouter qu'elle me blâme,
Et sans m'informer si son âme
Conserve sa tranquillité.

Tu perds le cœur le plus sincère;
Je perds l'objet le plus léger:
Qui plus long-temps doit s'affliger
De la perte qu'il vient de faire?
Nice va bientôt éprouver
Qu'il n'est point d'amant si fidèle,
Et qu'une perfide comme elle
Est toujours facile à trouver.

ROQUES.

LA CHENILLE ET LA ROSE,

FABLE,

Dédiée à Madame de VILLETTE, nièce de VOLTAIRE.

Une rose déjà flétrie,
Déplorait, en ces mots, son malheureux destin :
Devais-je naître si jolie,
Pour ne briller qu'un seul matin !
Zélis, de mes boutons aime à parer son sein ;
De ma tige, Aglaé m'enlève épanouie :
Partout je trouve un assassin ;
Est-ce m'aimer que m'arracher la vie ?
Une chenille entendit ces accens :
« De quoi te plains-tu (lui dit-elle) ;
Rose qui vivrait deux momens,
Cesserait bientôt d'être belle. »
Ainsi le goût, chez les mortels,
Du temps emprunte la vîtesse ;
Si la beauté durait sans cesse,
La laideur aurait des autels.

O Belle et Bonne (*) ! êtes-vous belle encore ?
Mon destin veut que je l'ignore ;
Mais il n'importe : et quand les dieux jaloux
Vous auraient pu réduire au sort de cette rose,
Lorsqu'on est bonne comme vous,
Être belle est bien peu de chose.

AVISSE.

(*) Nom que Voltaire donnait à madame de Villette.

ÉPITRE

A MA DERNIÈRE CHEMISE (*).

O toi, Cretonne sans seconde,
Que mon aïeule fit ourdir!
Toi qui me restes seule au monde;
Et qui te plais à me couvrir,
Chemise antique! il faut te vendre;
Il faut te quitter pour jamais.
J'ai beau dire à Gaster (**) d'attendre,
Gaster ne vit pas de délais.
Déjà tes sœurs ont vu la balle,
Tes sœurs et mes habits aussi;
Et ma vieille armoire, et ma malle,
Et tous mes livres, dieu-merci.
Pour tous, la loi doit être égale;
Notre Sénat le veut ainsi.
Hélas! ce n'est pas chose étrange,
Qu'on les ait vus sur le carreau;
Esclave ou libre il faut qu'on mange;
J'ai mangé, grâce à mon trousseau;
N'ayant argent, ni champ, ni grange,
Il fallait le vendre ou ma peau.
Mais toi, ma fidèle chemise,
Tissu formé du plus beau lin,
Toi qui n'as pas une reprise,
Et qu'orne un large jabot fin,

(*) Cette petite pièce facétieuse fut composée dans le temps où les assignats n'avaient plus aucune valeur.

(**) *Gaster*, mot grec qui signifie *estomac*.

Te vendre ! quelle barbarie !
Oui, mais Gaster me fait le train,
Et le cruel toujours me crie :
Vends ta chemise, il faut du pain.
Il faut du pain ! ah ! quel dommage
Qu'un sec et gueux républicain
Ne soit pas libre, en son ménage,
D'avoir ou de n'avoir pas faim !
Qu'est devenu ce temps de gloire,
Où j'étais nippé jusqu'aux dents ?
Ce temps si cher à ma mémoire,
Où j'attirais l'œil des passans !
Plus n'irai, fier de ma personne,
Me gaudir aux prés Saint-Gervais.
Plus ne reverrai ma Cretonne
Teinte d'un excellent vin frais.
A la blanchisseuse Marie,
Ne dirai plus le lendemain :
Bacchus hier me l'a rougie,
Rends-la plus blanche que ton sein ;
Tâche encor que le peuple dise
(Tu m'entends, le peuple badeau) :
Mon Dieu, la superbe chemise !
Ah ! c'est un homme comme il faut.
Quel sera cependant ton maître ?
O ma cretonne, ô mon trésor !
Quelque âpre agioteur, peut-être,
Peut-être ! en douterais-je encor !
Ne sens-tu pas sa main avare,
Sans pitié, t'ôter de mon dos ?
Et n'entends-je pas le barbare
Ricaner en comptant mes os ?
Ah ! c'en est fait, rien ne me reste !
Gaster l'a voulu, le glouton !

Mais comment cacher ..... sort funeste !
Je n'ai pas même un caleçon.
En m'accablant d'éclats de rire,
De me voir aussi nud qu'un ver,
Combien de railleurs vont me dire :
Est-ce là votre habit d'hiver ?
Hiver ! Dieu ! quel tiran nommé-je ;
Déjà précipitant ses pas,
La barbe couverte de neige,
Le front obscurci de frimats,
Il s'avance : où fuir sa colère ?
Son œil glacé me fait frémir.
Viens, ma chemise, viens, ma chère ;
Toi seule doit m'ensevelir ;
Volons ensemble à la rivière :
Mieux vaut se noyer que souffrir.

Se noyer ! qui, moi, moi poëte !
Gardons plutôt notre grenier ;
Là, rimons à perdre la tête,
Et laissons les sots se noyer.

AVISSE.

AU MINISTRE DE LA POLICE GÉNÉRALE,

CONTRE LES CABRIOLETS.

Un Quinze-Vingts de la double colline,
Sur un assez plaisant revers,
Veut aujourd'hui, Sottin, t'entretenir en vers :
Il n'a point d'Ilion célébré la ruine,
Chanté les Séraphins, ni les Anges pervers.
Ne vas pas cependant dédaigner de le lire,
Et l'exiler dans le carton fatal,
Il pourrait bien, un peu prompt à médire,
T'y décocher un rude madrigal ;
Car je le sais enclin à la satire,
Et sa muse caustique a têté Juvénal ;
Mais je crains que ce ton à la fin ne te lasse :
Laissons donc notre aveugle, et contons ma disgrace.
Il m'en souvient : je sortais d'un repas
Où vin mousseux m'avait mis tout en joie ;
Un large amour, (d'Auvergne ou de Savoie),
Carquois au dos, me tenait par le bras ;
Vers ma demeure, il dirigeait mes pas,
Lorsqu'un trio de Coquettes d'Athènes,
Qui, de leur char, froissent chaque piéton,
Sous un coursier obéissant aux rênes,
Vient culbuter mon bénoît Cupidon.
Les trois Cloés, de crier : gare ! gare !
Et de s'enfuir plus promptes qu'un éclair.
Un cri d'horreur s'élève et remplit l'air.
A tout passant qu'attire la bagarre,

Mon gros espiègle arrache des sanglots ;
Je le croyais habitant du Tartare
Et marchandais déjà des yeux nouveaux ;
Mais le voilà qui se dresse à la hâte :
A ses jurons je reconnais sa voix ;
Des pieds au chef il se tâte et retâte,
Puis, sain et sauf, rajuste son carquois,
(Ou ses crochets, à parler sans figure).
Je le saisis tout boueux, par sa bure ;
Chemin faisant, vingt grimauds discourtois,
Du cas piteux riaient outre mesure ;
Bientôt enfin, assaillis de brocards,
Nous arrivons pestant de l'aventure,
Et maudissant les Grecques et les chars.
Tu frémis, ô Ministre, à ce récit funeste ;
D'un généreux courroux ton cœur est embrasé ;
Tu te peins le moment où, poëte modeste,
Sous deux orbes en feu, j'allais être écrasé :
Eh bien ! ne pourrais-tu. par un arrêté sage,
De ces cabriolets interdire l'usage ?
Je ne me compte pas entre les grands esprits,
Mais, si je suis jamais Ministre une heure entière,
Tout citoyen, à pied, marchera dans Paris,
Ou n'aura d'autre char qu'une simple litière.

AVISSE.

FIN.

TABLE
DES CHAPITRES.

Pages.

PRÉFACE 7
Introduction 11
PREMIÈRE PARTIE. Considérations générales sur l'Esprit et le Caractère des Aveugles 45
CHAPITRE PREMIER. La perte d'un Sens tourne-t-elle à l'avantage des autres ? . . . . *Ibid*
CHAP. II. De la mémoire des aveugles. 52
CHAP. III. Des facultés qui se développent chez les Aveugles, et de la prééminence de quelques-unes de ces facultés sur celles des Clair-Voyans 62
CHAP. IV. État moral des Aveugles. Nature de leurs idées. 67
CHAP. V. Parallèle entre l'état des Aveugles et celui des Sourds-Muets. 77
DEUXIÈME PARTIE. Biographie des Aveugles célèbres dans les Sciences et dans les Arts 81
CHAPITRE PREMIER. Des Aveugles célèbres dans les Sciences. . . . . *Ib.*
CHAP. II. Des Aveugles qui se sont distingués dans la pratique des Arts. 113
TROISIÈME PARTIE. De l'Instruction des Aveugles. — PREMIÈRE SECTION. — Origine de l'Institution. 129
CHAP. Ier. Des Caractères en relief et de la Lecture . . . 134
CHAP. II. De l'Imprimerie à l'usage des Aveugles. . . . 151
CHAP. III. Des Livres à l'usage des Aveugles 158
CHAP. IV. De l'Écriture. 163
CHAP. V. De la Géographie. 179

Pages.
Chap. VI. De l'Étude des Langues................ 186
Chap. VII. Des Mathématiques.................. 193
Chap. VIII. De la Musique..................... 200
Chap. IX. Des moyens de communication entre les Aveugles et les Sourds-Muets................ 205
Deuxième section. — Chap. X. Des Travaux manuels communs aux deux Sexes..................... 210
Chap. XI. Du Tricot........................... 213
Chap. XII. De la Filature..................... 216
Chap. XIII. Des Bourses....................... 218
Chap. XIV. De la sangle et du Filet............. 221
Chap. XV. Des Chaussons de lisière de drap 223
Chap. XVI. Des Tapis de lisière................. 225
Chap. XVII. Des Chaussons à peluche de laine...... 228
Chap. XVIII. Des Fouets en boyau............... 231

Travaux manuels particuliers aux Garçons.

Chap. XIX De la Tisseranderie.................. 233
Chap. XX. De l'Empaillage des chaises............ 235
Chap. XXI. De la Corderie...................... 237
Chap. XXII. De la Vannerie..................... 239
Chap. XXIII. Des Tapis de paille, de jonc et de peluche d'Espagne.......................... 241
Chap. XXIV. Des jeux des Aveugles.............. 249
Chap. XXV. Conclusion....................... 244
Poésies des Aveugles.......................... 251

FIN DE LA TABLE.

DE L'IMPRIMERIE DE J.-L. CHANSON,
IMPRIMEUR DE L'INSTITUTION.

www.ingramcontent.com/pod-product-compliance
Ingram Content Group UK Ltd.
Pitfield, Milton Keynes, MK11 3LW, UK
UKHW020309230726
13925UKWH00001B/315